Michaela Haendly

DRACHEN-ERWACHEN

Mit den Drachen in die neue Zeit

AF186478

spirit
RAINBOW
Verlag

Michaela Haendly

Drachen Erwachen

Mit den Drachen in die neue Zeit

Impressum

 1. Auflage 2023
© Spirit Rainbow Verlag
UG haftungsbeschränkt

www.spirit-rainbow-verlag.de

Alle Rechte vorbehalten
Printed in Germany

Gestaltung, Druck und Vertrieb:
Druck- & Verlagshaus Mainz
Süsterfeldstraße 83
52072 Aachen

www.verlag-mainz.de

Umschlagsgestaltung: Dietrich Betcher

Abbildungsnachweis (Umschlag):
Herbert Haendly

Abbildungsnachweis (Innen):
- Der Beginn des Erwachens (Bild: Sonnenuntergang überm Meer):
Michaela Haendly
- Drachenfamilie und Freunde (Bild: Schwan-Familie): Herbert Haendly
- Drachenweisheiten und Botschaften (Bild: Sonnenaufgang im Wald):
Michaela Haendly
- Verbundene Welten (Bild: Blut-Mond): Herbert Haendly
- Transformation und Wandel (Bild: Sonnenuntergang am See): Sebastian
Haendly
- Der Weg in die neue Zeit (Bild: Waldweg): Michaela Haendly

ISBN-10: 3-948108-77-3
ISBN-13: 978-3-948108-77-9

Inhalt

Vorwort

Als ich Ende 2019 mit einer Reisegruppe nach Malta aufbrach, hatte ich nicht geahnt, welchen tiefgreifenden Wandel diese Tage in meinem Leben einläuten würden. Und so bin ich ganz unbedarft und voller Vorfreude gemeinsam mit Menschen losgefahren, denen ich vorher – zumindest in diesem Leben – nur einmal kurz, aber meist noch nie begegnet war. Es war wie ein innerer Ruf. Ich spürte tief in mir, dass diese Reise wichtig war. Wichtig *ist*. Für was auch immer. Ich hatte es zu dem Zeitpunkt noch nicht verstanden, aber währenddessen war es mir immer bewusster geworden: Es war eine Reise tief hinein in eine Erinnerung, in eine Energie aus einer vergangenen Epoche, zurück in den Schoß der großen Mutter zur Quelle meiner Kraft. Und es war gleichzeitig die Geburt meines neuen Weges.

Wir waren dort in die Energien einer hochentwickelten Kultur eingetaucht, in deren Mittelpunkt die große Muttergöttin stand. Intuition, Hingabe, Harmonie und Weisheit waren in vollkommenem Einklang mit kosmischen Kräften und dem Kreislauf der Natur. Angst, Krieg, Waffen oder Kampf kannten sie nicht. Sie kannten noch nicht einmal diese Worte. Auch die Angst vor dem Tod gab es nicht, denn sie wussten, dass der Tod nur ein Übergang ist, eine Rückkehr zum göttlichen Licht. Sie waren wahrhaft glücklich, frei und eins mit allem. Warum sollten sie auch kämpfen wollen oder wovor sollten sie Angst haben? Es war die Zeit im Land Mu, Lemuria, Malta. Alle diese Namen tragen die Silben »Mu« oder »Ma« für das Wort »Mutter« in sich. Ein Zufall?

Für mich war diese Reise eine sehr glückliche Zeit und wie ein Nachhausekommen: Völlig unbeschwert, leicht, frei, sich an jedem Tag voller freudiger Erwartung hinzugeben, welche Wunder der Tag bereithielt. Nicht nur mir ging es so, auch allen anderen Teilnehmern und Teilnehmerinnen dieser Expedition. Wir waren jeden Tag voller

Vorfreude in unseren Reisebus gestiegen, um ein neues Abenteuer aus vergangener Zeit zu erleben. Und warum fühlten wir alle so? Weil wir in Verbindung mit unserem wahren Selbst gekommen waren. Das wurde uns allen erst richtig bewusst, als wir im Nachhinein auf diese Zeit zurückblickten. Und bis heute ist eine sehr enge Verbindung zu diesen Menschen geblieben.

Warum schreibe ich dies alles und was hat das mit den Drachen zu tun? Dort hatte die Veränderung meiner Wahrnehmung begonnen. Ich war von dieser Reise zurückgekehrt und war nicht mehr dieselbe. Klar, jeder Mensch verändert sich und ist im ständigen Wandel, doch irgendetwas war dort mit mir geschehen. Ich hörte und spürte plötzlich intensiver, es zeigten sich mir verstärkt innere Bilder, Farben und Sequenzen, die ich nicht deuten konnte. All dies hatte ich vorher nicht gehabt. Zudem war ich nach dieser Reise sehr erschöpft und brauchte über zwei Wochen, um überhaupt wieder im *richtigen* Leben anzukommen. Ich kann mich erinnern, wie ich damals zu meinen Freunden sagte: »Ich bin nicht mehr die Gleiche. Irgendetwas ist mit mir geschehen, aber ich weiß nicht, was.«

Heute weiß ich, es war ein Bewusstseinssprung und damit die Geburt meiner Erinnerung – die Erinnerung an meinen *Auftrag* auf dieser Erde.

Denn aus den Bildern und Sequenzen meiner inneren Wahrnehmung heraus tauchten plötzlich Drachen auf. Erst nur kurz, wie ein Aufblinken. Ich kann mich erinnern, wie ich eines Tages mit geschlossenen Augen im Wald stand, die Natur in einer Art Meditation genossen habe, und plötzlich tauchte vor meinem geistigen Auge ein großer Drachenkopf auf.

Es war eine Drachendame, mit rosa und lilafarbenen Schuppen und großen Hörnern. Sie zwinkerte mir zu. Wie, sie *zwinkerte* mir zu? – *Moment mal, wieso sehe ich einen Drachen, der mir zuzwinkert?* Doch dieser Moment, diese

Energie, diese Liebe, welche sie mir in diesem kurzen Augenblick vermittelt hatte, war so unbeschreiblich schön, dass mir die Tränen in die Augen schossen. Es blieb nicht bei dem einen Mal.

Einige Zeit später zeigte sich mir ein weiterer Drache. Und diesmal war es nicht nur diese kurze Begegnung einer Sekunde, diesmal war sie geblieben. Es war ein dunkelgrüner, fast schwärzlicher Drache mit sehr durchdringenden Augen. Ich hatte sofort weiche Knie und spürte die große Kraft. Dann fragte ich einfach: »Wer bist du?«

Und sie antwortete: »Ich bin Trudy.«

»*Trudy?*«, antwortete ich und musste im gleichen Moment schmunzeln, weil mir der Gedanke kam: *Welcher Drache heißt schon Trudy?*

»Warum belächelst du meinen Namen?«, kam direkt von ihr als Gegenfrage, denn sie bemerkte natürlich meine Reaktion. Plötzlich schämte ich mich ein bisschen und war gleichzeitig voller Erstaunen, Demut, Ehrfurcht und besonders voller Liebe, denn in diesem Moment wurde mir klar, dass gerade etwas ganz Besonderes geschehen war. Es war der Beginn meiner Erinnerung an ein Feld, welches die ganze Zeit schon existierte, dessen ich mir jedoch nicht bewusst war, der Beginn einer tiefen Freundschaft und die Rückkehr einer weiteren Familie: Der *Drachenfamilie.*

Sie zeigte sich fortan immer wieder und ich war ganz im Glück: *Ich habe einen Drachen! Was soll mir schon geschehen?* Genau das ist auch der Sinn: Drachen sind Anteile, Energiefelder, Seelengefährten, die die Menschen bestärken! Sie stehen für Kraft, für Mut, für Weisheit, aber im Besonderen stehen sie für die Ur-Liebe und das Ur-Vertrauen. Sie waren schon immer. Sie waren zugegen, als alles entstand. Und nun kommen sie verstärkt zurück in das Bewusstsein der Menschen, um beim großen Wandel der Erde mitzuhelfen. So lange waren sie im Hintergrund, so lange haben sie sich sozusagen versteckt. Doch seit einigen

Jahren zeigen sie sich verstärkt und viele Menschen erinnern sich, dass da noch mehr ist, was uns umgibt, als wir mit unseren Augen sehen können.

Und so saß ich eines Tages im Auto, war in Verbundenheit mit Trudy und habe im Geist ein Gespräch mit ihr geführt, als sie mir plötzlich diese Zeilen eingab. Sie kamen in meinen Kopf und ich fuhr direkt die nächste Ausfahrt ab, um anzuhalten und es niederzuschreiben. Es war eine Art Gebet, eine Anrufung:

Herrscherin der Lüfte,

Hüterin der Schätze,

höre mein Rufen!

Zeige mir dein Licht,

damit ich erfüllen kann

meinen Auftrag,

von Anbeginn bis in alle Ewigkeit.

Du mächtiges Wesen,

die gegangen ist durch alle Zeiten,

breite deine Flügel aus,

entzünde das Feuer in mir,

damit ich erkennen kann,

wer ich wirklich bin.

Verbunden über Zeit und Raum,

bist du an meiner Seite.

In Freud und Leid,

vereint bis ans Ende der Zeit.

Als ich es mir durchlas, standen mir die Tränen in den Augen. Die Energie, welche mich durchzog, war so kraftvoll, so erhaben und gleichzeitig so magisch und unglaublich berührend. Es ist schwer in Worte zu fassen. Damals wusste ich noch nicht, was ich damit anfangen sollte. Doch einige Zeit später, als ich abends in Gedanken hinauf zur Mondin (ich nenne sie immer in ihrer weiblichen Form) blickte, kamen mir wieder Worte in den Sinn. Diesmal waren es Reime. Und ich schrieb sie einfach auf, ohne nachzudenken. Dabei war mein erster Vers entstanden: Die *Drachenreiter-Anrufung*.

Es war, als hätte mich die Mondin aufgefordert, einfach zu beginnen. Und dann war es nicht mehr aufzuhalten. Wie eine Tür, die sich öffnete, und plötzlich preschten sie hervor: Die Drachen. Sie überrannten mich förmlich, als hätten sie die ganze Zeit schon ungeduldig hinter dieser Tür gewartet. Ich habe von da an einen Vers nach dem anderen geschrieben. Alles wollte an die Oberfläche, ich sprudelte förmlich über und konnte gar nicht mehr aufhören. Es war wie ein Rausch und in diesen Tagen war ich wirklich kaum auf dieser Erde anwesend.

Auch zeigten sich mir in dieser Phase nach und nach drei weitere Drachen, welche, wie ich später erkannte, auch immer für eine gewisse Zeitenergie in meinem Leben stehen sollten. Jeder von ihnen hatte einen Auftrag. Und heute verstehe ich auch die Bestimmung der rosa-lilafarbenen Drachendame vom Beginn. Sie hatte mir die Tür zur Liebe – zur ewigen und allumfassenden Ur-Liebe der Drachen – geöffnet.

Und so zeigte ich die Gedichte meinen Freundinnen Bettina und Jutta, meinen Weggefährtinnen aus Malta. Auch sie waren sehr überrascht, erstaunt und gleichzeitig berührt von der Intensität der Worte und Botschaften aus diesen Reimen. Sie bestärkten mich, mit all dem an die Öffentlichkeit zu gehen. »Du kannst das nicht für dich behalten«, waren ihre Worte.

Doch was sollten die Leute von mir denken? Ich habe nie nach außen getragen, dass ich mich für Drachen interessiere. Einige wussten, dass ich für spirituelle Themen offen war, aber wenn ich jetzt mit Drachen um die Ecke käme – was sollten sie denken? Für viele Menschen in meinem Umfeld standen Drachen für das Böse oder Ungeheuer. Wie sollte ich ihnen erklären, dass dem nicht so war? Doch ich nahm meinen ganzen Mut zusammen.

Als erstes rief ich meinen Bruder an und meinte: »Ich brauche eine Webseite über Drachen. Hilfst du mir?«

Seine erste Reaktion war: »Ist das dein Ernst?« Ja, es war mein Ernst, und dann hatte er auch gar nicht weiter gefragt und es einfach getan, wofür ich ihm unglaublich dankbar bin.

Ebenfalls bestärkt durch die immerwährende Aufmunterung meiner Malta-Freundinnen, bin ich nach Fertigstellung der Homepage gleichzeitig auch mit den Versen auf Instagram an die Öffentlichkeit gegangen, und dann war ich plötzlich sichtbar für alle. Wow, das war schon erst ein komisches Gefühl. Doch jetzt weiß ich, es war der Beginn. Mittlerweile habe ich so viele wundervolle Verse – ich nenne sie liebevoll *Drachenpoesie* – geschrieben, dass ich ein Teil davon hier in einem Buch veröffentliche.

Nun, da bin ich. *Tada!*

Ich hätte das niemals gedacht, erwartet oder erhofft.

Alles beginnt in dir. Deshalb ist es den Drachen so wichtig, dass wir uns erinnern. Deshalb war es ihnen so wichtig, dass ich diese Zeitreise in Malta machte, welche von dem alten Wissen, den alten Werten, welche in die neue Zeit, in das neue Zeitalter zurückkehren, geprägt war. Dies kann nur geschehen, wenn die Menschen den großen Reichtum, der in ihnen wohnt, annehmen und leben.

Erkenne die Kraft, den Mut, die Weisheit in dir! Mach dich nicht klein, denn du bist groß und du hast Macht! Erkenne deine Größe und lebe sie – das ist die Botschaft der Drachen und auch der Grund, warum sie so lange unterdrückt und als Ungeheuer oder Dämonen hingestellt wurden. Sie haben die Menschen stark gemacht und starke Menschen waren lange Zeit nicht gewollt. Doch dies wird sich verändern.

Seitdem die Drachen in mein Leben zurückgekehrt sind, ist dieses ein einziges Abenteuer. Und die Reise hat erst begonnen – sagen sie. Doch es ist so, denn wir Menschen werden immer auf der Suche sein, sowohl ich als auch du. Das ganze Leben ist eine einzige Reise mit dem Ziel, Erfahrungen zu machen und daraus zu wachsen. Vielleicht können dir die Worte aus ihrem Energiefeld dabei helfen, das zu verstehen und anzunehmen, was sich im Leben zeigt. Denn im Moment herrscht eine sehr besondere Zeit. Die Erde befindet sich in einem großen Wandel hinein in ein Zeitalter, welches die Energie von Lemuria tragen wird, in der die Liebe und das Licht wieder wahrhaft Einzug in unser Dasein halten. Darauf bereiten sie uns vor. Deshalb sind sie zurück, um uns in eine neue Dimension unserer Erde zu begleiten und zu tragen.

Ich habe die Verse, welche aus meiner Sicht oder aus Sicht der Drachen geschrieben sind, verschiedenen Themenkapiteln jeweils alphabetisch zugeordnet und wünsche dir beim Lesen viel Freude, viel Erkenntnis, viele Aha-Momente, aber auch eine Zeit voller Wunder und Magie. Vielleicht möchtest du sie einfach hintereinander lesen, oder sie sind hilfreich in Momenten, in denen du auf die Suche gehst. Es ruht so viel Weisheit, so viel altes Wissen in ihnen. Ich wünsche dir, dass sie Wegbegleiter und Richtungsweiser in Zeiten sein können, wenn du deinen Weg und Antworten suchst. Und vor allem mögen sie dich bestärken, dich selbst anzunehmen und deinen eigenen Wert zu erkennen. Jedoch sollen sie dich auch auf die neue Zeit vorbereiten, welche uns alle erwartet. Denn der Wandel kann nur geschehen, wenn auch *du* dich wandelst, von innen nach außen. Das ist der Weg. Das ist die Botschaft und die Energie des nun beginnenden, goldenen Zeitalters der Erde.

Finde den Schatz in dir! Drachen hüten Schätze. Sie hüten *deinen* Schatz, deinen inneren Reichtum. Es sind deine verborgenen Anteile. Wenn du erkennst, was dich blockiert, was dich ängstigt, wenn du dies annimmst, es fühlst und hindurchgehst – dann geschieht Heilung. Und du erschaffst so den Raum für das Neue, den Anteil, der nun in dein Feld zurückkehren darf, um dich wachsen zu lassen.

Doch vergiss niemals, der Energie auch Danke zu sagen, die gehen darf, denn sie hat dich dorthin gebracht, wo du heute bist.

Es gibt kein Zurück, wenn du »Ja« sagst. Dein Weg führt ins Licht und zur Liebe. Und die Drachen – sie begleiten dich. Immer.

In diesem Wissen, in diesem Vertrauen wünsche ich dir eine gute Reise zum Inneren deiner Kraft.

Von Herz zu Herz,
Michaela

DRACHENPOESIE

Inspiriert durch Zauber und Magie,
ist sie entstanden – die Drachenpoesie!
Unerschöpflich ist ihre Quelle,
brach es herein, wie eine Welle,
kraftvoll, mit Liebe angefüllt,
hat sie mich vollends eingehüllt.

Bilder zu malen, mit Worten sodann,
das ist es, was Poesie doch kann!
Versteckt, die Botschaft in einem Reim,
liegt hierin verborgen – der Keim.
Der Schlüssel zur Wahrheit, zu deiner Kraft,
er ist hier verdichtet – so fabelhaft!

Die Drachen, sie kommen aus alter Zeit,
Gedichte hatten damals ein anderes Kleid.
Doch die Botschaft ist der gleiche Schatz,
kommt nun wieder an ihren Platz.

Die Poesie kommt zurück mit den Drachen,
denn sie wollen in dir die Liebe entfachen!
Wenn du vernimmst die Verse hier,
dann sind sie schon ganz nah bei dir.
Lass dich verzaubern von ihrer Welt,
fühle die Liebe – denn nur sie zählt!

DER BEGINN DES ERWACHENS

DRACHENAUFTAKT

Willkommen nun, in meiner Welt,
es ist Magie, die mich umschlungen hält!
Verbunden mit Wesen aus unendlicher Zeit,
beginnt es neu, denn es ist so weit.
Altes Wissen will wiedererwachen,
und die Drachen werden das Feuer entfachen!

Die Hüter der Schätze aus alter Zeit
kehren zurück aus der Vergangenheit!
Doch fort sind sie nie wirklich gewesen,
ab und an konnt' man von ihnen lesen.
Märchen, Fabeln und andere Mythen,
dort taten sie kund, denn das, was sie hüten,
ist unendliche Liebe, Wahrheit und Licht,
erkenne und vergesse drum nicht,
dass auch du kommst aus dieser Welt,
es ist das, was uns zusammenhält.

DRACHENBUND

Der Drache begleitet deine Seele,
glaube mir, wenn ich dir erzähle,
dass nichts euch jemals zu trennen vermag,
den Bund zwischen euch an Nacht und Tag.

Er durchbricht den Raum, überdauert die Zeiten,
ewiglich wird er dich stärken und leiten!
Sei nun bereit, um zu erneuern ihn,
auch wenn's dir oftmals unmöglich erschien.
Denn im wahren Leben kannst du ihn nicht sehen,
doch nur, weil du nicht siehst, kann er trotzdem bestehen.
Wenn du eintauchst, tief in dich hinein,
deine Augen schließt – wird er bei dir sein.

Nun ist es Zeit, zu erneuern den Bund,
denn jetzt ist angebrochen die Stund',
in der er kommt in deine Wirklichkeit,
wenn du sagst: »Ja«, und bist bereit,
kann strömen die Kraft und Weisheit von ihm,
verbindet sich mit deiner, denn ihr seid ein Team,
was sich nun wiedergefunden hat in alter Kraft,
der Bund erneuert und ihr es gemeinsam schafft,
zu beginnen den Auftrag, welcher in euch ruht,
zu leben die Wahrheit mit all eurem Mut!

Nun fühle den Bund mit deinem Drachen,
jetzt werdet ihr alles zusammen machen!
Lebe den Bund und sei bereit,
für den Beginn eurer Drachenzeit!

DRACHENERINNERUNG

Ein Funken leuchtet wahrlich hell,
verbreitet sich unglaublich schnell,
denn die Verbindung wurde angelegt,
ein leuchtendes Feuer daraus entsteht.

Wenn deine Seele erwacht aus tiefem Schlaf,
weil es Zeit ist, dass zurückkommen darf,
all das, was so lang hat in dir geruht,
auch wenn es bedarf ein wenig Mut,
bahnt sich nun den Weg zurück,
jetzt – in diesem Augenblick.

Es ist die Erinnerung an die alte Zeit,
an Liebe, Frieden, Verbundenheit.
Denn einst lebten wir ein anderes Leben,
im Einklang war das Nehmen und Geben.
Doch dies ist gekommen in die Ungleichheit,
wir glauben, zu leben in Getrenntheit.
Suchen unser Glück in der äußeren Welt,
doch das Finden von dort nie lange anhält.

Noch immer sind wir tief verbunden,
das Wissen in uns war nie ganz verschwunden!
Nach und nach erwacht es nun hier,
die Drachen – sie erlauben es dir,
zu blicken einmal den Weg zurück,
dafür deine Wahrnehmung wurd' verrückt.

Denn wenn du loslässt deine Gedanken,
all deine menschlichen, erdachten Schranken,
dann kann sie fliegen, die Erinnerung,
darum wage einmal mutig den Sprung!
Fühle, was dein Herz dir sagt,
höre die Stimme, die dich fragt:
»Spürst du die Ahnung, die aufkeimt in dir?
Du bist allzeit verbunden – auch hier!
Mit der Quelle und der göttlichen Kraft,
sie ruht in dir – es ist deine Macht!«

Öffne die Tür und geh deinen Weg,
in diesem Wissen – es ist dein Privileg!
Die Erinn'rung wird wachsen, wenn du vertraust,
und dein Leben aus einer and'ren Sicht anschaust.
Die Drachen, sie laden dich herzlich ein,
drum lass die Erinnerung in dein Leben hinein!

DRACHENERWACHEN

Erkennst du mich, ich bin bereit,
denn sie beginnt, die Drachenzeit!
Die Glut im Herzen, sie brennt in mir,
wenn Drache und Reiter verschmelzen zum *Wir*.

Die dunkelste Nacht werden wir erhellen,
wenn wir uns unserem Schicksal stellen.
Das Funkeln der Sterne wird uns begleiten,
denn wir gehören zusammen seit Ewigkeiten.

Weder Anfang noch Ende, Raum und Zeit,
können sie aufhalten – die Wahrheit.
Denn wo Licht ist, kann kein Schatten sein,
und Lüge und Angst ersticken im Keim.

Erwache und erinnere dich,
was uns verbindet, wird erneuern sich.
Die Liebe wird uns niemals trennen,
denn solange wir füreinander brennen,
sind wir getragen vom himmlischen Licht,
von Kraft und Mut und Zuversicht.

Unsterblich das Band, das uns verbindet,
und den Weg zurück ins Leben findet.

Mach dich bereit für das große Erwachen,
mach dich bereit für die Zeit der Drachen!

DRACHENHERZ

Wenn du mir in die Augen blickst,
die Magie ins Herz rein schickst,
dann spüre ich tief in mir drin,
deine Liebe – und es macht alles Sinn.

Diese Liebe, sie ist so stark,
dass ich es mit Worten kaum zu erklären vermag.
Ich merke nur, wie mein Herz schlägt schneller,
meine Augen fangen an zu leuchten heller,
wenn ich fühle dieses Band,
und ich es nun verstand,
dass diese Liebe, die mein Herz berührt,
etwas ist, was ich lang nicht hab' gespürt.

Die Erinnerung ist jetzt erwacht,
zusammen erhellen wir die dunkelste Nacht!
Die Liebe ist das, was uns für immer trägt,
bedingungslos sie sich sanft ums Herz legt.

Wenn Geborgenheit und das Vertrauen,
Freiheit und Wahrheit aufeinander bauen,
dann wird sich alles nun verwandeln,
wenn wir gemeinsam im Auftrag des Lichtes handeln.

Mein Drachenherz ist für immer dein,
mein Drachenherz lässt dich niemals allein!

DRACHENKUSS

Geschlafen habe ich lange Zeit,
doch endlich ist es nun so weit,
dass du erscheinst in meiner Welt,
um mir zu zeigen, was wirklich zählt.

Verborgen ruht die Verbindung zu dir.
Wer bist du und was machst du hier?
Dein Kuss erweckt Erinnerung,
an mich selbst und bringt in Schwung,
was lange hat geruht in mir,
kann sich nun entfalten im *Wir*.

Begleitet hast du mich in allen Zeiten,
bist gekommen, um mich vorzubereiten.
Auf den Wandel und das neue Denken,
denn dahin wollt ihr die Erde lenken.
Ihr wollt bringen die Liebe zurück,
denn nur durch sie gelingt es Stück für Stück,
dass Dunkelheit sich zurückziehen kann,
und nur Licht die Erde durchflutet sodann.

Lass dich küssen von ihrer Magie,
von ihrer Liebe berühren, welch Fantasie!
Diese kann kommen in die Wirklichkeit,
wenn du glaubst und dich machst bereit.

Wenn dein Drache dich küsst, bist du erwacht,
wenn dein Drache dich küsst, wird Liebe entfacht!

DRACHENREISE

Schließe die Augen, ganz im Vertrauen,
lasse dich fallen, dann kannst du schauen,
was sich will zeigen in diesem Moment,
deine Seele für Bilder in dir erkennt.

Vertraue und lasse sein das Denken,
Allein dein Gefühl, es soll dich lenken.
Wenn du dann siehst die Bilder in dir,
übergib alle Sorgen nun einfach mir.

Jetzt kannst du sehen an deiner Seite,
mich – deinen Drachen – denn ich begleite,
dich von Anfang bis in alle Zeiten,
einzig die Liebe lässt mich leiten.
Spürst du, wie dein Herz nun schlägt,
wenn du dich erinnerst, wer dich trägt?
Dass nichts geschehen kann in diesem Leben,
dafür werde ich dir mein Versprechen geben.

Hab keine Angst und mach dich nicht klein,
denn *wir* werden immer verbunden sein.
Erinnere dich an diese Reise,
wenn das Leben einmal auf andere Weise,
dich mutlos und auch traurig stimmt,
denn meine Liebe – sie immer gewinnt!

DRACHENREITERANRUFUNG

Drachenreiter, stehet auf,
sie warten auf uns, es nimmt seinen Lauf!
Hörst du ihr Herz tief im Inneren schlagen,
dann ist es so weit, wir wollen es wagen,
dem zu folgen, was in uns ist,
erkenne nun, wer du wirklich bist!

Das Feuer brennt, es ist so weit,
spüre die Liebe und Verbundenheit!
Hell leuchtet die Nacht,
wenn nun mein Drachenherz erwacht.
Im Hier und Jetzt bin ich wieder bereit,
zu dienen dem Licht bis in die Unendlichkeit.

Zeit und Raum, nichts kann uns trennen,
die Liebe, sie wird ewiglich brennen.
Zwei Herzen schlagen für immer in mir,
denn du und ich – das sind *wir*.
Ihr Drachen, erhebt euch im Mondeslicht,
wir Reiter treten vor euer Angesicht!

Liebe und Freiheit, Licht und Kraft,
das sind die Geheimnisse unserer Macht.
Wieder vereint kann uns nichts mehr trennen,
denn gemeinsam werd'n wir für die Wahrheit brennen.
Das Feuer wird die Schatten besiegen,
denn die Liebe, sie wird mit uns fliegen!

DRACHENRÜCKKEHR

Schau zum Himmel, blick empor,
wer kommt aus den Wolken hervor?
Dort fliegen sie ihre Kreise,
denn sie sind auf einer Reise,
auf dem Weg zurück zu dir,
um zu öffnen eine neue Tür.

Das, was du bisher hast gelebt,
oftmals nicht im Einklang steht,
mit deiner Seele, mit deinem Glück,
deshalb sie kommen nun zurück.
Denn angebrochen ist die neue Zeit,
kein Weg ist ihnen deshalb zu weit.
Das, was bisher hat dein Leben bestimmt,
von nun an keinen Raum mehr einnimmt.

Vorbei ist die Zeit der Angst und Sorgen,
denn sie erinnern daran, dass du bist geborgen,
in ihrer Liebe, in ihrem Licht,
und das Schatten haben kein Gewicht.
Wo Licht ist, kann nichts anderes bestehen,
deshalb kannst du voller Vertrauen gehen,
deinen Weg, denn sie sind da,
deinem Herzen schon ganz nah.

Doch fern waren sie eigentlich nie,
denn sie sind magische Energie!
Sie haben gewartet, lange Zeit,
bis der Mensch wieder ist bereit,
für ihre Kraft und für ihr Feld,
für sie einzig die Liebe zu dir zählt.

Wahrlich ist es nun so weit,
dass das Licht wieder auf der Erde verweilt.
Deshalb wurden sie nun ausgesandt,
lange waren sie verbannt,
weil sie dich stärken und mutig machen,
dafür stehen sie – die Drachen!

DRACHENRUF

Spürst du dein Herz, willst du es wagen,
hörst du die Stimme, die dich will fragen,
ob du wirklich lebst das Leben,
was dir wurde einst gegeben?

Bist du glücklich oder ist es nur Schein,
denn eigentlich fühlst du dich oft allein.
Ist es Wahrheit oder Illusion,
welches ist nun die Option?
Du glaubst, es gibt nur einen Weg,
doch du hast das Privileg,
dich neu zu entscheiden jeden Tag,
deshalb ich dir nun heute sag,
dass *du* es hältst in deinen Händen,
dein Leben nicht länger zu verschwenden.

Und wenn es einmal schwierig wird,
du denkst, du hast dich doch verirrt,
dann kehre um und suche neu,
wichtig ist nur, dass du dir selbst bleibst treu.
Es sind die Erfahrungen, die dich bringen voran,
dich zu dem Menschen gemacht haben, der du bist sodann.
Jeder Weg lässt dich wachsen und reifen,
es ist Zeit, dass wir anfangen zu begreifen,
dass es falsch und richtig gar nicht gibt,
wenn unser Herz den Takt angibt.
Denn was ist schon dagegen zu sagen,
wenn wir für das Glück auch etwas wagen?

Der Drachenruf – er weckt dich nun,
lass deine Gedanken einfach ruh'n!
Und höre die Stimme deiner inneren Kraft,
auf das ich erwecke deine Leidenschaft,
zu leben dein Leben in wahrem Glück,
hörst du mein Rufen – deshalb bin ich zurück!

DRACHENSCHICKSAL

Sie kehren zurück, kannst du es spüren,
wollen sich zeigen und dich berühren!
Was sie hüten, wirst du nur verstehen,
wenn du anfängst, dich durch ihre Augen zu sehen.
Erinnere dich, was einst geschah,
und dann fühle es ganz deutlich und klar.

Die Drachen sind es, die dein Schicksal kennen,
und sie sind es auch, die uns beim Namen nennen!
Indem sie fliegen, hinaus in die Welt,
kannst du sie sehen, hoch oben am Himmelszelt?

Ihr Schicksal ist mit deinem verknüpft,
nimm wahr, wie dein Herz vor Freude hüpft,
wenn aufsteigt das alte Wissen in dir,
was nun zurückkommen will, glaube mir!
Wenn du fühlst, wie die Worte dich berühren,
ist es dein Drache, du kannst ihn spüren.
Denn unzertrennlich ist euer Band,
auch wenn er nicht versteht, der Verstand.
Das, worum es hier nun geht,
in deinem Herz geschrieben steht.

Geh deinen Weg, nimm an das Schicksal,
vertrau deiner Stimme, denn *du* hast die Wahl,
zu entscheiden dich für dein wahres Glück,
dann holst du dir die Schöpferkraft zurück!

DRACHENSEELE

Lass ruh' n die Gedanken, werde ganz still,
höre, was ich dir sagen will.
Es gibt etwas, das zu dir gehört,
was niemals war getrennt oder zerstört.
Es ist ein Teil, der jetzt zurückkommen kann,
wenn dir bewusstwird, wie alles begann.

Einst hast du gelebt auf andere Weise,
und manchmal flüstert deine Seele ganz leise,
diese Erinnerung in dich hinein,
und du fragst dich: »Wie kann das sein?«
Weil es nicht kommt aus dem Jetzt und Hier,
doch trotzdem verbunden ist mit dir.

Da ist noch ein Teil in einer anderen Welt,
der dir nah ist und dich hält.
Deine Seele weiß es, dein Herz versteht,
dass diese Verbundenheit niemals vergeht.
Auch wenn sie nicht kommt aus diesem Leben,
glaube mir, sie werden dir alles geben.
Das, was du hast verloren,
wird nun neu in dir geboren.

Wenn deine Seele sich verbindet mit Drachen,
dann wird etwas Großes erwachen!
Hab keine Angst vor der Macht in dir,
denn du bist ein Schöpfer, das sagen sie dir.
Wenn nun die Seelen sich wieder vereinen,
wird dein Licht noch viel heller scheinen!

DRACHENSTILLE

Wenn du in die Stille gehst,
einmal dem Drang doch widerstehst,
dich hinzugeben dem äußeren Schein,
wirst du erkennen, du bist nicht allein.
Denn hier warten sie auf dich,
geduldig sie verstecken sich.
Und bis du soweit bist,
das Warten ihre Liebe ist.

In der Stille liegt die Kraft verborgen,
hier lass los all deine Sorgen.
Lass sie mit den Wolken ziehen,
denn sie sind auch nur geliehen.
Du glaubst, dass nicht zu ändern ist,
doch ich sage dir, dass du es bist,
der sie nährt mit deiner Angst,
weil du dir selbst alles abverlangst.
Vertraue, dass du Hilfe hast,
doch es ist wichtig, dass du machst
den ersten Schritt, dann sag ich dir,
eilen sie zur Hilfe, glaube mir!

Vertrauen ist der Schlüssel zum Tor,
schließ auf – dann treten sie hervor!
Sie tragen dich durch diese Zeit,
drum öffne dein Herz ganz weit.
Sei bereit für ihre Kraft,
die eine neue Ordnung in dir schafft.

Doch all das kann nur geschehen,
wenn du anfängst, in die Stille zu gehen.
Denn du kannst nur kommen bei dir an,
wenn Stille in dir wieder Platz finden kann.

DRACHENTANZ

Wo Himmel und Erde sich verbinden,
Mut und Wille zusammenfinden,
wenn dein Herz sich öffnet und vertraut,
du ehrlich auf dich selbst geschaut,
glaubst an Wunder und Magie,
hörst du von weit her die Melodie
ihrer Flügelschläge im Wind,
dann sind sie da und kommen geschwind.

Spüre den Wind in deinem Haar,
wenn sie sich nähern in großer Schar!
Spielen und tanzen um die Sterne,
du fühlst ihre Freude trotz der Ferne,
dein Herz hüpft vor lauter Wonne,
wenn in dein Leben zurückkehrt die Sonne.
Denn daran sie wollen erinnern dich,
glücklich zu sein, dafür zeigen sie sich.

Atme die Freiheit und Leichtigkeit,
und schau, was das Leben noch hält bereit!
Nimm es nicht schwer, sondern als Spiel,
freu dich und lache – das ist das Ziel!
Du bist nicht allein und immer getragen
von deinen Drachen – das wollen sie sagen.

Tanze und nimm leicht das Leben,
vertraue, denn sie werden dir geben,
die Liebe und ein fröhliches Herz,
vergessen sind Kummer und auch Schmerz.
Tanze und dreh dich im Wind,
mit deinem Drachen – wie ein Kind!

DRACHENVERBUNDENHEIT

Deine Augen können sie nicht sehen,
die Ohren sie nicht verstehen.
Dennoch sind sie dir ganz nah,
da deine Seele sie einst sah.

Sie leben nicht in deiner Welt,
und doch nimm sie wahr am Sternenzelt!
Wenn du glaubst und es dir vorstell'n kannst,
du alles loslässt, besonders die Angst.

Eure Seelen wurden einst verbunden,
nur aus deiner Bewusstheit war'n sie verschwunden.
Nun kehren sie zurück, das ist der Grund,
dass eure Seelen erneuern den magischen Bund.

Vereint eure Kraft, und hol dir zurück,
was du einst verloren, und Stück für Stück
erinnerst du dich an vergangene Zeiten,
an Freiheit und Unendlichkeiten,
dass du alles erreichst, nichts unmöglich ist,
erkennst deine Größe und wer du wirklich bist.

Erneuere nun euren Seelenverbund,
beginne jetzt gleich, in dieser Stund'!
Dann kann es beginnen, die neue Zeit,
deine Drachenseele – sie ist bereit!

DRACHENVERMÄCHTNIS

Die Welt, sie braucht es, und ihr bringt es wieder,
Mythen, Sagen und auch alte Lieder
kündigen an, was lang unterdrückt,
soll nun kommen ins Licht gerückt.
Die alten Werte wie Freundschaft und Liebe,
Loyalität, Toleranz und Friede,
alles, was ausmacht ein erfülltes Leben,
dies zurückzubringen ist ihr Bestreben.

Beherrschen tut vor allem Angst und Geld,
im Moment die ganze Welt.
Doch dies wird sich von jetzt an wandeln,
denn sie kehren zurück und werden handeln,
indem sie erinnern, was ruht in dir,
es wird nun beginnen – jetzt und hier.

Glaube an dich und der Samen geht auf,
das Vermächtnis der Drachen – es nimmt seinen Lauf!
Denn einst wurde gesät in deinem Herzen,
und die Drachen entzünden nun die Kerzen,
sodass Licht kommt in die Dunkelheit,
und du leuchten kannst, hell und weit.

Glaube an dich und das Vermächtnis der Drachen,
denn so werden sie zu neuem Leben erwachen!

DRACHENZAUBER

Erinnere dich, oh Menschenkind,
warum wir zurückgekehrt sind
in euer Bewusstsein, in eure Energie,
denn ihr habt sie verloren, die Magie.
Den Glauben an eine andere Welt,
an den Zauber, der sie umschlungen hält.

Erinnere dich an Märchen und Mythen,
an Fabeln, Sagen und was sie hüten.
In ihnen leben die alten Werte,
das ist das, was das Fabelwesen lehrte.
Auf Liebe, Freiheit und Mitgefühl bauen,
dabei auf eine höhere Kraft zu vertrauen.
Alles ist möglich, begrenze dich nicht,
lass dich verzaubern und erweitere deine Sicht!

Der Zauber kommt zurück mit uns Drachen,
denn wir wollen die Magie neu entfachen!
Den Glauben an eine andere Welt,
in der Angst und Sorge keinen Platz erhält.

Erinnere dich an das Kind in dir,
alle Bedenken – überlasse sie mir.
Lass dich verzaubern von unsrer Magie,
wir Drachen laden ein – in die Welt der Phantasie!

DRACHENZEIT

Schau in den Spiegel, erkennst du mich,
mein Herz, es schlägt und brennt für dich!
Gegangen sind wir durch unendliche Zeiten,
nun erinnerst du dich und lässt dich leiten,
von der Liebe, die uns eng verbindet,
und den Rückweg in deine Bewusstheit findet.

Erinnere dich, oh du Menschenkind,
die Zeit ist gekommen, mach dich auf geschwind!
Die Drachen erheben sich, Feuer erwacht,
erhellen wird sich nun die dunkelste Nacht.

Gekommen sind wir, um euch zu sagen,
ihr braucht keine Angst vor dem Dunkel zu haben!
Verbunden seid ihr für allezeit,
mit Licht und Liebe, denn sie reichen weit.

Spüre die Macht, die in dir ruht,
es braucht nur dein *Ja* – und deinen Mut.
Dann kann es beginnen, es ist so weit,
willkommen, du fabelhafte Drachenzeit!

DRACHENFAMILIE UND FREUNDE

DRACHENFAMILIE

Wir gehören zusammen seit Ewigkeiten,
verbunden im Herzen durch die Zeiten,
auch wenn wir uns nicht können sehen,
unsere Seelen sich trotzdem verstehen.

Denn wir sind eins und es ist nicht zu trennen,
das Band, welches du wirst neu erkennen.
Denn du hast nicht nur Familie auf Erden,
erinnere dich, dann kann es werden,
zurückgebracht in deine Welt,
damit du erkennst, wer dich auch noch hält.

Du gehörst in diesen Seelenverbund,
wenn du liest diese Zeilen, in dieser Stund'.
Wenn du spürst den Funken ganz tief in dir,
der dir bewusst macht, dass es gibt ein *Wir*.
Von dem auch du ein Teil doch bist,
und dies etwas war, das du hast vermisst.
Denn jetzt füllen wir auf, es ist geglückt,
deine Sicht wurde nun etwas verrückt.

Es gibt nicht nur das, was wir können sehen,
und Liebe kann nur dein Herz verstehen!
Drum öffne dich und sei bereit,
für all das, was wartet, in dieser neuen Zeit.
Die Drachen begleiten dich, lass es zu,
sie sind deine Familie, zu der gehörst auch *du*!

DRACHENFREUNDE

Hand in Hand,
unzertrennlich unser Band.
Durch alle Höhen und auch Tiefen,
was auch immer wir durchliefen,
zusammen war alles nur halb so schlimm,
und letztendlich macht es doch auch Sinn,
denn gewachsen ist dadurch noch unser Verbund,
in jedem Moment und zu jeder Stund'.

Sie glauben an dich, sie lassen dich reifen,
sie werden mit dir nach den Sternen greifen!
Denn alles, was dein Herz macht froh,
erfreut das ihre sowieso.

Wenn du sie brauchst, dann sind sie da,
im Herzen verbunden und ganz nah.
Und wenn du zweifelst oder traurig bist,
du glaubst, dass alles trostlos ist,
dann leuchten sie als heller Stern,
weil sie dich einfach haben gern!

Drachenfreunde – sie sind zur Stelle,
sind deine Zuflucht, deine Quelle
der Stärke, des Mutes und deiner Kraft,
zusammen ihr einfach alles schafft!

DRACHENFREUNDSCHAFT

Wenn der Drache dein Herz berührt,
dich in eine andere Welt entführt,
dann lass dich ein, fühl', es beginnt,
dass jubiliert dein inn'res Kind!
Fröhlich und ohne Sorgen,
keinen Gedanken verschwenden an Morgen.
Das Leben findet statt im *Jetzt*,
das hast du oft verdrängt zuletzt.

Genieß dein Leben und das Heute,
kümmre dich nicht, was denken die Leute!
Sei deines eignen Glückes Schmied,
das, was der Drache in dir sieht!

Er steckt dich an mit Energie,
lass dich verzaubern durch Magie!
Hör auf den Rat und du wirst sehen,
das Leben kannst du neu verstehen.

Du kannst ihn immer alles fragen,
liebevoll, ehrlich wird er es dir sagen.
Auch wenn du manches nicht willst hören,
glaub mir, das wird ihn nicht verstören.
Denn Geduld ist seine große Kraft,
zusammen ihr nun alles schafft!

Ein Drache als Freund, das sag ich dir,
was soll geschehen im *Jetzt* und *Hier*?
Beschützt und geliebt in allen Zeiten,
getragen im Licht für Ewigkeiten.

DRACHENGESCHWISTER

Wir kennen dich besser als du dich selbst,
weil du vergessen und oft festhältst,
an Altbewährtem und was du kennst,
wenn du uns rufst, beim Namen nennst,
der in dir aufsteigt in Ruhe und Stille,
du wahrnimmst aus andrer Brille,
und verstellst deine Sicht, wird klar,
die Erinnerung – denn es ist wahr,
dass da noch viel mehr um dich ist,
und deine Seele – sie hat uns vermisst.
Denn wir sind ein Teil deiner selbst,
auch wenn dein Verstand noch hält
fest daran, was er kennt vom Leben,
nun wollen wir die Schleier heben.

Wir sind deine Brüder und Schwestern,
seit unendlichen Zeiten – nicht erst seit gestern!
Wir begleiten dich auf deiner menschlichen Reise,
sind um dich, zeigen uns auf diese Weise,
kommen zurück in die Bewusstheit von dir,
damit du erkennst: Es gibt ein *Wir*!
Du bist nicht allein, denn wir waren zugegen,
bei all deinen Erfahrungen, all deinen Wegen,
waren versteckt in unsrer Dimension,
denn man sah uns zu Zeiten als gefährlich schon.
Es war nicht gewollt, dass ihr kennt eure Gefährten,
es zählte nur das Wissen der menschlichen Gelehrten.
Doch diese Zeit ist wahrlich vorbei,
drum wir sind zurück – denn nun seid ihr frei!

Zwar werdet ihr belächelt von Menschen,
die verbleiben wollen in ihren Grenzen.
Doch in dir ruht's Wissen, dass da ist noch mehr,
denn dein Herz springt vor Freude sehr,
wenn du liest diese Worte, kommt die Energie,
und nun übernehmen *wir* die Regie!
Bringen zurück, was lange blockiert,
es ist geschehen, es ist passiert,
die Erinnerung, dass da ist noch mehr,
denn wir, die Drachen, wir lieben dich sehr!
Deine Drachengeschwister sind nun erwacht,
der Funken in dir ist hiermit entfacht!

DRACHENHEIMAT

Geborgenheit und das Vertrauen,
in deinem Zuhause kannst du darauf bauen,
dass du geliebt wirst, wie du bist,
drum Heimat deine Zuflucht ist.
Hier kannst du tauchen in das Nest,
denn du darfst halten daran fest,
an das Band, welches dich verbindet,
und jegliche Grenzen überwindet.

Heimat kann auch im Herzen sein,
wo du ankommst, auch wenn allein.
Du fühlst dich wahrhaft angekommen,
wenn du dich selbst hast angenommen.

Wenn du findest das Gefühl in dir,
ist egal, ob du dort bist oder hier.
Da, wo dein Herz ist angekommen,
dort bist du überall willkommen.

Die Drachen finden sich bei dir ein,
wenn du sie lässt in dein Herz hinein!
Denn sie gehören in dein Feld,
Heimat für sie das ist, was zählt.
Die Drachenheimat ist dein Ort,
wo eure Lieb' kann leben fort.
Egal, wo du auch immer bist,
ihre Heimat dir sicher ist.
Weil ihr seid eins, das ist der Kern,
nun Heimat dir ist nicht mehr fern!

DRACHENWEISHEITEN
UND BOTSCHAFTEN

DRACHENANGST

Der Tod ist deine größte Angst,
doch wovor du wirklich bangst?
Was macht dir Angst, wovor fürchtest du dich?
Die Seele geht doch heim ins Licht!
Es ist nur das menschliche Denken,
was es schwer macht und will einschränken.
Doch der Tod gehört zum Leben,
drum bin ich gekommen, dir zu geben,
die Erinnerung an die Wahrheit,
die Seele weiß, wann sie ist bereit.
Nur sie entscheidet, wann sie geht,
auch wenn der Verstand es nicht versteht.
Auch nicht die beste Medizin
kann verhindern den Termin.

Einfluss und Lüge haben euch betrogen,
den Tod habt ihr ins Exil geschoben,
in die Dunkelheit, und setzt alles daran,
wie man ihn umgehen kann.
Genommen haben sie euch Wissen, Magie,
ihr seid umgeben von Licht, Energie!
Verbunden über Raum und Zeiten,
die Erinnerung wird sich ausbreiten.

Erkenne, dass allein du es bist,
der entscheidet, was das Beste für dich ist!
Ob du verzweifelst, gibst dich hin der Angst,
du verdrängst und dennoch bangst,
oder annimmst und genießt dein Leben,
in dem Wissen, dass du bist umgeben,
von vielen Wesen, sie begleiten dich,
wenn du glücklich bist, freuen sie sich.
Und wenn der Zeitpunkt ist gekommen,
heißt deine Seelenfamilie dich willkommen.

Loszulassen fällt euch Menschen so schwer,
niemanden ihr möchtet geben her.
Doch wisse, dass es kein Abschied ist,
weil du immer und allezeit verbunden bist.
Der Tod, er ist nur eine Reise,
geschieht im Frieden und ganz leise.
Vertraue, dir kann nichts geschehen,
wenn die Seele wählt, zu gehen.
Doch wenn du annimmst, dass es geht vorbei,
das menschliche Leben – dann bist du frei!

DRACHENANTWORT

Glaube mir, ich höre die Fragen:
»Wie lang wird es dauern, kannst du etwas sagen?«
Ich kenne all das, was Menschen bewegt,
es sofort geschieht, der Wunsch, den ihr hegt.
Bedenke, wie lang ihr im Dunkel gelegen,
es braucht Zeit, bis sich Gedanken bewegen.
Es geschieht nicht von heute auf morgen,
was so lange ruhte verborgen.

Die Zukunft ist noch nicht geschrieben,
einzig die Liebe – sie wird siegen!
Das kann ich sagen, denn dies wird so kommen,
auch wenn im Moment hat Angst übernommen.
Erst wenn ihr geht wahrhaftig hinein,
wandeln sich auch Schmerz und Pein.

Leider ist das oft der einzige Weg,
weil ihr Menschen meist nur durch Leid versteht.
Ihr könntet es auch einfacher haben,
doch Veränderung wollt ihr nicht gern wagen.
Ihr lebt und verdrängt, bis es nicht mehr geht,
und euch dann Krankheit im Wege steht.
Erst so fangt ihr an, zu überdenken,
und euer Leben anders zu lenken.

Doch nun ist die Zeit des Wandels gekommen,
erinnert euch, was sie euch genommen!
Es ist die Verbundenheit zum göttlichen Licht,
denn diese Trennung hat vernebelt die Sicht.
Vertraut wieder euch und der inneren Kraft,
sie ist die Quelle, die Heilung erschafft!
Drum geschehen all die Dinge in eurer Welt,
damit ihr anfangt zu suchen und zusammenfällt
all das, was sich gebaut in tausenden Jahren,
deshalb sind wir zurück, kommen in Scharen,
um zu erleuchten, erhellen die Nacht,
erinnere dich, allein *du* hast die Macht,
es zu verändern, es zu heilen,
erst dann wird all dies nicht mehr verweilen!

DRACHENDANK

Wenn du einmal traurig bist,
weil du glaubst, du was vermisst,
du etwas suchst, dir etwas fehlt,
dann schau einmal, was auch noch zählt.
Denn in der Hektik, im Geschehen,
kannst du schnell mal übersehen,
was du hast, was dir gegeben,
wofür du kannst *danken* im Leben.

Es sind die kleinen Dinge, die wichtig sind.
Schau, die Vögel, sie fliegen im Wind!
So unbesorgt und voller Wonne,
fröhlich singend in der Sonne.
Und selbst wenn sie einmal nicht scheinen kann,
wissen sie, dass irgendwann,
immer folgt der Sonnenschein,
nach dem Regen – auch *er* muss sein.
Denn so ist's nun mal im Leben,
es wird immer Auf und Ab geben.
Doch in dem Wissen, du bist geliebt,
und egal, was auch geschieht,
du ein Teil von allem bist,
erinnere dich, dass du's nicht vergisst,
denn die Liebe und die Dankbarkeit,
sind die stärksten Quellen – zu jeder Zeit!

Drum schau nicht auf das, was du vermisst,
erfreu dich an dem, was jetzt *ist*!
Danke dem Tag, danke der Stunde,
denn eigentlich ist es im Grunde,
nur eine Phase, sie geht auch vorbei,
und Dankbarkeit – sie macht dich frei!

Die Drachen, sie tragen diese Energie,
denn Dankbarkeit ist ihre Magie,
die sie trägt und die sie hält,
Liebe und Dankbarkeit sind alles, was zählt!

DRACHENERDE

Seit dem Anbeginn der Zeit,
als alles entstand, war ich bereit,
eure Erde zu füllen mit Energie,
sie zu durchströmen mit Liebe, Magie.
Mein Auftrag ist es, euch zu geben,
die Erinnerung, dass euer Leben,
verbunden, verwoben mit allem, was ist,
und du ein Teil von alledem bist.

Auch wenn du lebst an einem Ort,
in allem Luxus, allem Komfort,
gibt's doch viele Teile auf dieser Welt,
wo Menschen leiden, sie haben kein Geld.
Ein Ungleichgewicht, es ist entstanden,
da Egoismus und Gier einen Platz fanden.
Es ist Zeit, dass etwas verändert sich,
denn dieses Leid – es betrifft auch dich!

Glaube nicht, es geht dich nichts an,
wenn ein Kind hungert, sich nicht helfen kann.
Ihr kämpft gegen Krankheit, gegen den Tod,
während woanders noch anwächst die Not.

Es ist wieder Zeit, in Balance zu kommen,
ihr es auch wahrnehmt, nicht nur verschwommen,
dass sich etwas ändern muss,
denn eure Erde, sie hat im Überfluss,
alle Ressourcen, was ihr braucht zum Leben,
denn es ist ihre Liebe, ihr Bestreben,
ihre Kinder zu nähren und glücklich zu sehen,
und dass ihr endlich anfangt, dies zu verstehen.

Ich bin gekommen nun in diese Zeit,
um euch zu erinnern, damit ihr seid bereit
für den Wandel, der von Nöten ist,
damit du erkennst, es nicht mehr vergisst,
dass jedes Leben hat den gleichen Wert,
und Mutter Erde euch alle ernährt!
Alles, was geschieht, es wird so lang bestehen,
bis ihr endlich anfangt, einen neuen Weg zu gehen.

»Doch was soll ich tun?« – ich hör deine Fragen.
Fange *bei dir* an – das kann ich dir sagen!
Schau ehrlich in dich, dann kann es heilen,
Angst und Schmerz werden nicht länger verweilen.
Denn alles, was du heilst in dir,
heilst du auch in der Welt, glaube es mir.
Es sind die kleinen Schritte, drum fange an,
damit du die Welt damit verbesserst sodann!

DRACHENFEUER

Hell brennt es in mir, lichterloh,
mein Herz ist erfüllt, berührt und froh,
von der Kraft, die sich nun aufbäumt in mir,
das, was sich vereinigen will, sind *wir*!

Feuer hat eine große Macht,
zerstören kann es und gleichzeitig entfacht
sich zart das neue Pflänzlein in mir,
es kann nun wachsen im Jetzt und Hier.

Erkenne die Kraft, die im Feuer ruht,
das Brennholz ist dein Wille, dein Mut!
Entfache es und schaue hinein,
es leuchtet dir den Weg, hell und fein.
Damit beginnen kann deine Reise,
und du dich siehst auf eine andere Weise.

Zum Leben erweckt dich das Feuer nun,
doch nicht nur erkennen, du sollst es auch *tun*.
Es anziehen dir, das magische Kleid,
was nun dort liegt für dich bereit.
Damit du wandelst dich im hellen Schein,
und es sich entfalten kann, dein neues Sein!

Erkenne, wer du wirklich bist,
leg ab die Zweifel, denn das ist die List
des Verstandes, der dich oft klein halten will,
doch das Feuer in dir hält nun nicht mehr still.

Das Drachenfeuer, es ist entfacht.
Das Drachenfeuer ist deine Macht!

DRACHENFLUG

Lass los deine Zweifel und steige auf,
ich trage dich hoch in den Himmel hinauf!
Wir fliegen über Wolken und noch weiter,
steigen empor die Himmelsleiter.

Zu den Sternen, sie leuchten hell und heller,
dein Herz, es schlägt den Takt nun schneller,
der Ruf der Freiheit ist, was du nun fühlst,
und das ist, was dein Herz erfüllt.

Alle Ängste und Sorgen, wenn auch noch so groß,
wenn du fliegst mit mir, lass sie einfach los!
Von oben betrachtet ist's nicht ganz so schlimm,
von oben betrachtet macht es vielleicht sogar Sinn,
dass alles, was dich belastet so schwer,
dich reifen lässt, mehr und mehr.
Die Erfahrung ist es, um die es geht,
und manchmal nur Angst im Wege dir steht.

Ich sage dir, du kannst mir vertrauen,
in allen Höhen und Tiefen kannst du auf mich bauen.
Du bist niemals allein, das ist mein Versprechen,
und glaube mir, das werde ich niemals brechen!
Wir sind verbunden mit der göttlichen Quelle,
und auch die anderen Drachen sind alle zur Stelle,
wenn du uns bittest, sind wir sofort da,
das, was es braucht, ist einzig dein *Ja*.

Erkenne nun die Leichtigkeit,
die das Leben hält für dich bereit.
Und wenn dich will die Angst besiegen,
dann steige auf – wir werden fliegen!

DRACHENFREUDE

Was kann es Schöneres geben
als ein glückliches, erfülltes Leben,
voller Liebe und Harmonie,
durchdrungen von Zauber und Magie?

Es ist doch unser Lebenssinn,
ein ewiges Streben nach Gewinn,
nach Freude und nach Heiterkeit,
dann sind wir zufrieden und befreit.

Der Auftrag, den wir alle haben,
glücklich sein, an allen Tagen.
Wenn nicht immer die Sonn' kann scheinen,
manchmal ist's wichtig, auch zu weinen.
Doch nach dem Regen kommt Licht hervor,
die Wolken verziehen sich – schau empor!

Dort, in den fernen Galaxien,
sie fröhlich ihre Runden ziehen.
Denn Freude ist ihr Antriebsrad,
sie wollen dir zeigen den glücklichen Pfad.

Lebe dein Leben, jeden einzelnen Tag,
genieße die Zeit, das ist dein Auftrag!
Denn wenn dein Herz ein Liedchen singt,
deine Seele vor Freude springt,
erfreuen sich alle Wesen mit dir,
denn es steckt an – glaube mir!

So wie die Drachen fröhlich drehen ihre Runden,
so tanze und singe, denn du bist verbunden,
mit allem, was ist, du bist immer geliebt,
getragen vom Licht – es dich allzeit umgibt!

DRACHENFRIEDEN

Spürst du die Zerrissenheit,
wenn dein Körper nach Ruhe schreit,
doch willst erreichen du dein Ziel,
auch wenn es dich gar kostet zu viel.

Dein Anspruch ist der Motor in dir,
du fühlst dich wie ein gehetztes Tier,
weil er dich treibt, ohne still zu steh'n,
willst du den Weg so weitergeh'n?

Ist es nicht oftmals auch genug,
wenn du tust einen Atemzug,
zu überdenken deine Weise,
denn so kann kommen, ganz zart und leise,
die Erkenntnis, dass du es ändern kannst,
wenn du loslässt deine innere Angst.

Die Angst, dass du nicht wirst gesehen,
nur durch Arbeit kannst bestehen.
Weil dies dir einst wurd' vorgelebt,
doch es an dir liegt, ob's weiter besteht.

Geh in die Stille und halte ein,
du hörst deine Stimme, klar und rein.
Sie erinnert dich an den wahren Kern,
damit er dir nicht mehr bleibt fern.
Du wirst nur finden deinen Seelenfrieden,
wenn Stress und Hektik sich verabschieden.

Die Drachen erinnern dich daran,
dass *du* es bist, der dein Leben ändern kann!
Wenn Frieden wieder dein Herz durchtränkt,
wird dir neue Lebensfreud' geschenkt.
Dann bist du unabhängig und auch frei,
die Abhängigkeit ist dann vorbei.
Der Drachenfriede durchzieht dein Sein,
der Drachenfriede – er ist *dein*!

DRACHENGLÜCK

Glücklich zu sein, das ist der Sinn,
deines Lebens und der Beginn,
wenn das Kind in dir will spielen,
denn genau das wollen die Drachen erzielen!

Schau dir an, wie sie tanzen und singen,
und dir damit die Freude bringen!
Sie spielen wie Kinder, ohne Sorgen,
keinen Gedanken verschwenden an Morgen.
Sie möchten dir geben etwas zurück,
denn die Freude benötigst du zu deinem Glück.

Das ist's, was sie dir zeigen wollen,
denn lange Zeit war sie in dir verschollen.
Weil du vergessen hast, wie's war als Kind,
dich frei zu fühlen wie der Wind.
Leicht zu sein, als könntest du schweben,
denn dann hast du wahrlich ein fröhliches Leben.

Die Freude ist es, die sie dir zeigen,
sie wird aus deinem Innersten steigen.
Glücklich zu sein ist der Sinn im Leben,
es ist ihnen wichtig, das hervorzuheben.
Es ist die Energie, die dir wart geschenkt,
und sie ist es auch, die die Drachen lenkt!

DRACHENINTUITION

Zart und sanft ruft sie dich,
flüstert leise: »Hörst du mich?
Ich bin die Stimme im ersten Moment,
ich bin das Gefühl, welches du hast oft getrennt,
wenn du dich treiben lässt von der äußeren Welt.«
Und sich dann das Ego dazugesellt.

Das Ego redet mit lauter Stimme,
übertönt damit leicht all deine Sinne.
Denn das haben wir geschult in unserem Leben,
doch fang an, ihm nicht den Raum zu geben.

Im *Einklang* soll doch alles sein,
ansonsten lebst du nur einen Schein.
Wenn du nicht hörst auf die Intuition,
nicht ehrlich abwägst deine Option,
sondern dich leiten lässt von der Angst,
du nie das wahre Glück erlangst.
Die Seele jedoch hat den Mut,
denn sie weiß, was in dir ruht.
Auch, was deinem Weg entspricht,
drum höre, wie sie zu dir spricht:

»Ich bin die Stimme in dir, ganz leise,
trau dich – und geh mit mir auf die Reise!
Begrenze dich nicht und lass dich nicht leiten,
von Zweifel oder Angst – denn ich möchte weiten
deinen Blick für die Wunder, welche können geschehen,
wenn du anfängst, einmal hinzusehen.
Lass los deine Sorgen und spüre hinein,
was in der Stille ich spreche ganz fein.

Denn ich bin das Erste, was aufsteigt in dir,
das Gefühl, was sich zeigt, vertraue mir.
Nur das ist der Weg, drum übe dich ein,
sodass ich kann kommen zum Vorschein!«

Die Drachen – sie weisen dich darauf hin,
dass du erreichen kannst einen großen Gewinn,
wenn du wieder hörst deine innere Kraft,
du ihr wieder den Raum dafür schaffst.
Die Seele ist die Weisheit, die du mitgebracht,
sie ist die Quelle deiner wahren Macht.
Denn du kannst nur wirklich glücklich sein,
wenn ihre Stimme darf wieder in dein Leben hinein!

DRACHENKARUSSELL

Du verlierst dich in deinen Gedanken,
weist so Energie in die Schranken,
die Kraft, die zu dir fließen will,
und dein Verstand steht nicht mehr still.
Unaufhörlich kreisen sie:
»Was soll ich tun – und vor allem: *Wie?*«
Gibst dich hin, diesem Karussell,
und vergisst dabei allzu schnell,
dass es manchmal bedarf auch Zeit,
dies ein Prozess ist, der dich macht bereit.

Es ist eine Entwicklung und Transformation,
denn alles andere – das kennst du doch schon!
Etwas kommt, was du nie gemacht,
es ist ganz neu und deshalb entfacht
es oft auch einen Druck in dir,
deshalb ich nun spreche hier
zu dir, denn du bist nicht allein,
auch wenn du dich grad fühlst ganz klein.
An all dem wirst du wachsen und reifen,
es erkennen und als Chance begreifen.
Drum rat' ich dir, lass es einmal los,
dann fällt's dir von allein in den Schoß!

Gib dir Zeit und Stück für Stück,
findest du deine Kraft zurück!
Du hast den Mut, dem Instinkt zu folgen –
du willst dich doch nicht Ängsten beugen?
Vertraue und lass dich einfach führen,
wenn du offen bist, können wir dein Herz berühren.
Ein neuer Pfad, den du nun gehst,
nur manchmal du dir selbst im Wege stehst.
Gib dir Zeit und lass es fließen,
dann werden auch wieder die Ideen sprießen.
Und Wege sich zeigen, welche vorbereitet sind,
kommen dann zu dir – ganz geschwind!

DRACHENKLARHEIT

Wenn der Schleier sich hebt,
den oft du selbst hast gewebt,
um einen Menschen, eine Situation,
dann erkennst du, es ist *meine* Mission,
was ruht oftmals in Verborgenheit,
damit du gewinnst an Klarheit.

Die Täuschung ist es, die sich zeigt,
wenn das Erkennen in dir aufsteigt.
Du gelebt hast eine Illusion,
die Realität aber zeigt dir dann schon
ihr Gesicht und damit die Wahrheit,
bringt dir zurück die inn're Klarheit.

Sei mutig und öffne dein Herz ganz weit,
denn ich bin zurück und mache dich bereit,
für deinen Weg, für deine Kraft,
die Klarheit dafür die Ordnung schafft.
Denn wenn du nicht willst hinsehen,
wirst du den Ruf deiner Seele niemals verstehen.

Vertrau, auch wenn du nicht erkennst,
denn es gehört dazu, damit du dich nicht verrennst,
zu gehen den Weg in Wahrhaftigkeit,
und dafür benötigst du Klarheit.

Nur wer mutig ist, der schaut auch hin,
ich deshalb nun gekommen bin,
um dich zu befreien von trüber Sicht,
und aufzudecken – das ist meine Pflicht!

DRACHENLIEBE

Wenn ich in deine Augen schaue,
dir voll und ganz mich anvertraue,
kann ich fallen lassen den Schmerz,
denn du schaust wahrlich in mein Herz.

Deine Liebe ist bedingungslos,
unendlich tief, unfassbar groß,
dass es mir fast den Atem verschlägt,
weil sie es ist, die mich dann trägt.

Ein großes Herz voll Liebe zu mir,
dafür möcht' ich auch danken dir.
Dass du an meiner Seite bist,
mich nie und nimmer mehr vergisst,
deine Liebe ist Unendlichkeit,
nichts kann sie trennen, weder Raum noch Zeit.

Erkenn die Kraft, die in ihr ruht,
such sie nicht im Außen, das tut nicht gut!
Alles, was du brauchst, findest du in dir,
Kummer und Sorgen überlasse mir.
Erkenne dich, dann erkennst du mich,
was uns verbindet, währt ewiglich.

Die Liebe ist der Schlüssel zum Glück,
du hast nun erkannt und Stück für Stück
kann sie strömen nach außen, wenn du hast genug,
nicht selbstsüchtig ist's, sondern klug.

Geben und nehmen, das sage ich dir,
erst dann kann es werden, das glückliche *Wir*!
Und eines ist für immer dein,
Drachenliebe – nie stell ich sie ein!

DRACHENRAT

Hab keine Angst vorm Tod, auch nicht vorm Leben,
das ist der Rat, den ich dir möchte geben.
Genieße das *Jetzt*, mach dir keine Sorgen,
was könnte geschehen am nächsten Morgen.
Auch nicht, was wäre in der kommenden Stund',
allein der Moment zählt – und unser Verbund.

Denn bei all den Ängsten, all den Gedanken,
vergesst ihr zu genießen, euch bringt zum Wanken
euer Verstand, der so gerne planen will,
sich alles vorstellt und dabei steht nicht still.
Oft machst du groß, was eigentlich klein,
gibst zu viele Sorgen in alles hinein.
Und meistens, wenn du blickst zurück,
stellst du fest, dass du dich selbst machst verrückt,
völlig umsonst deine Energie gegeben,
und dir unnötig schwer gemacht dein Leben.

Drum höre meinen Rat: Sorge dich nicht!
Was soll dir geschehen – du gehörst zum Licht!
Und wenn du dich sorgst, dann ziehst du es an,
weil du dem Raum gibst, Energie alsdann.
Besser ist's, im Vertrauen zu sein,
in der Stille zu lauschen, in deine Intuition hinein.
Zu genießen dein Menschsein jeden Augenblick,
denn dies ist ein Geschenk, ein großes Glück,
zu leben auf eurem wunderbaren Planeten,
in dem Wissen, dass deine Seele hat darum gebeten,
hier zu sein und diese Erfahrung zu machen,
und ich, dein Drache, werde über dich wachen!

DRACHENREGEN

Sanft berührt er die Haut, der Regen,
begleitet dich oft auf deinen Wegen,
hat doch immer etwas dabei,
sodass du dich auch fühlen kannst frei.
Denn Regen reinigt und glättet die Wogen,
kann dir auch bringen 'nen Regenbogen.
Wenn die Sonne danach wieder lacht,
und dir somit auch das Lächeln entfacht.

Nimm alles an, so wie es kommt,
und wenn sich zeigt am Horizont,
eine Regenwolke oder mehr,
auch wenn dadurch dein Herz wird schwer.
Doch es gehört zum Leben dazu,
dass du kommst des Öfteren zur Ruh',
du innehältst und einmal schaust,
du wahrnimmst und dabei vertraust,
dass dies nur eine Phase ist,
es vorüber zieht, wenn du so weit bist.
Denn alles hat immer auch einen Sinn,
meist später erkennst du den Gewinn.

So ist es nun einmal im Leben,
du gehst durch Tiefen oder bist am Schweben,
es ist ein Kreislauf, er bleibt niemals stehen,
so auch die Natur – sie wird stets weitergehen.
Deshalb tanze im Regen, spiele im Wind,
so wie du warst, damals als Kind!
Nimm es leicht, es ist ein Spiel,
ein Geschenk und mit dem Ziel,
zu wachsen und daran zu reifen,
die Veränderung als Chance zu begreifen!

DRACHENRÜCKZUG

Manchmal ist es Zeit für Rückzug,
wenn deine Seele hat genug,
wenn du Ruhe brauchst und auch die Stille,
damit du wahrnehmen kannst aus anderer Brille,
du wechselst die Perspektive, hältst einmal ein,
zu erkennen die Wahrheit und was ist nur Schein.

Die Stille ist laut, hat viel zu sagen,
hier kannst du dich wirklich einmal fragen:
»Was ist mein Weg, die nächsten Schritte?«
Kannst formulieren den Wunsch oder die Bitte,
hörst die Stimme, welche dir ruft zu:
»Jetzt ist die Zeit, in der du kommst zur Ruh'!
Denn manchmal lässt du dich treiben in der Welt,
hast vergessen, was wirklich zählt.
Denn glücklich zu sein, das ist der Sinn,
deines Lebens, deshalb ich bring',
nun die Zeit, in der du fühlen kannst,
warum es dich hat ausgebrannt.

Es ist der Druck, den du dir selbst auferlegt,
weil dir dein Sicherheitsdenken im Wege steht.
Doch wenn du erkennst, was dich glücklich macht,
welche Gaben du hast mitgebracht,
wenn du fühlst, es gibt auch einen anderen Weg,
dafür ich dir ins Herz das Vertrauen leg'.
Wenn du vertraust, kann es geschehen,
in der Stille wirst du sehen,
tun sich auf die Tore in dir,
findest du die Kraft, glaube mir,
zu gehen den Weg, der ist wahrlich dein Glück,
und alle Zweifel verblassen Stück für Stück!«

DRACHENSCHÖNHEIT

Erhaben, stolz und wunderschön,
mit viel Grazie anzusehen,
zeigen sie sich in voller Pracht,
haben dir etwas mitgebracht.

Wollen dir sagen, dass auch du es bist,
die so strahlen kann, denn es ist
deine Einstellung, deine Kraft,
die das Bild von dir erschafft.

Wenn du dich selber lernst zu lieben,
du anfängst, Erwartungen zu verschieben,
die dich binden an die Norm,
lernst du dich kennen in anderer Form.
Dann siehst du die Wunder und die Gaben,
die du in dir trägst, die dich tragen,
die dir zeigen Einzigartigkeit,
und wer du bist in Wirklichkeit.
Denn wenn die Schleier sich erheben,
du dich erkennst, es wird dir geben,
die Sicht, was in dir verborgen ruht,
und du lebst, was dir tut gut.

Wenn du dich fühlst von innen schön,
wird es auch von außen geseh'n.
Denn alles fängt nur bei dir an,
drum schau auf die innere Schönheit sodann!

Die Drachen, sie tragen die Liebe in sich,
daran sie wollen erinnern dich.
Drum liebe dich selbst, das ist der Grund,
fang heut' damit an, in dieser Stund'!

DRACHENSCHULD

Schuld ist etwas, das Menschen haben kreiert,
damit ihr den Glauben zu euch selbst verliert.
Die Energie, sie hält euch klein,
indem ihr denkt, ihr tragt die Verantwortung allein
für all das, was anderen geschieht,
doch dabei ihr einfach flieht,
vor der Wahrheit, denn ich sage dir,
allein *deine* Seele entscheidet, was passiert im Hier!
Niemand kann tragen die Verantwortung dafür,
was auch immer passieren wird dir.
Die Schuld, wie ihr glaubt, sie gibt es nicht,
wacht auf – die Dunkelheit verblendet eure Sicht!

Das Gefühl von Schuld, es trennt euch vom Licht,
doch nun die neue Zeit anbricht,
indem wir euch erinnern, euch verkünden,
und all die Schatten werden unser Feuer entzünden!
Denn dies ist wahrlich alte Energie,
sie nutzen auch die dunkle Magie,
um euch zu ängstigen, euch klein zu halten,
aber auch, um euch für immer zu spalten.
Doch die Getrenntheit wird ein Ende finden,
all das Dunkle wird verschwinden!

Glaube an die Kraft deiner Seele,
sie allein entscheidet, drum wähle
den Weg des Vertrauens in deine Kraft,
sie ist es, die dein Schicksal erschafft!
Nichts kann ändern, was *du* einst hast entschieden,
niemand anderes trägt Verantwortung für dieses, *dein*
Leben!

DRACHENSCHUTZ

Auf dieser, deiner menschlichen Reise
wirst du behütet auf besondere Weise.
Du kannst sie vielleicht nicht sehen,
doch dein Herz, es wird verstehen.
Umgeben bist du vom magischen Feld,
was auf dich achtet und dich hält.

Jeder Mensch ist mit ihnen verbunden,
nur aus unserem Bewusstsein sind sie meist
verschwunden.
Doch wenn du einmal innehältst,
deine Gedanken ein wenig verstellst,
die Vorstellung loslässt und bist frei,
dann können sie kommen herbei!

Sie wachen, hüten, sind zur Stelle,
wenn wir sie rufen, passieren sie die Schwelle.
Denn sie lassen uns immer unseren Willen,
warten unendliche Zeiten im Stillen,
bis wir bereit sind, sie zu erkennen,
und sie dann beim Namen nennen.

Auch, wenn wir uns ihrer unbewusst,
weil wir nicht glauben oder es nicht gewusst,
wachen sie trotzdem und passen auf,
denn ihre Lieb' reicht zum Himmel hinauf!

Bedingungslos sie uns einfach lieben,
nichts kann diese Verbundenheit besiegen.
Sie geleiten uns durch unser Leben,
und werden alles dafür geben,
dass wir den Sinn des Lebens erkennen,
unseren Auftrag – und wofür wir brennen.

Doch ob du es tust oder lässt es sein,
nichts kann dir geschehen, du bist niemals allein.
Ihr Drachenschutz – er ist dein Schild,
und dieses Versprechen für immer gilt!

DRACHENSEHNSUCHT

Es ist die Sehnsucht, die dich liebt,
es ist die Liebe, die dich umgibt.
All das sucht den Raum in dir,
will dich umarmen, glaube mir.
Denn du kennst die Emotion,
die Seele hat es gespeichert schon,
in einer Welt, in einer Zeit,
die du verstehst als Ewigkeit.

Es ist die Suche, es ist das Warten,
hast es erlebt in verschiedenen Arten.
Doch was du suchst, kannst du nur finden,
wenn du anfängst, dich mit dir zu verbinden.
Denn nur in dir ist's verborgen,
wartet auf den neuen Morgen,
auf den Tag, wo du erkennst
und die Liebe zu dir beim Namen nennst.

Es ist dein Weg, es ist die Reise,
drum flüstre ich dir ins Ohr ganz leise,
dass niemand dir was geben kann,
keine Frau und auch kein Mann,
was du nicht selbst kannst in dir finden,
deshalb gilt zu überwinden
die Mauern, welche du erbaut,
drum hör die Stimme, die ruft, ganz laut,
dass in dir selbst der Schlüssel liegt,
und deine Liebe überwiegt.

Ich bin gekommen, dir zu sagen,
dass ich hör all deine Fragen.
Und eins, das kann ich dir versprechen,
meine Lieb' wird niemals brechen!
Sie ist sicher, egal was geschieht,
das ist das Gesetz, das ewige Lied,
das ist die Kraft, welche dich verbindet,
und nun zurück in dein Herz findet.

Die Sehnsucht, sie gehört dazu,
sie macht es spannend, gibt keine Ruh.
Nimm sie an und lass es fließen,
fange an, sie zu genießen!

DRACHENTOD

Der Tod, er ist ein Übergang,
er bringt dich 'nen vertrauten Weg entlang,
hin zu dem Ort, von dem du bist gekommen,
nur die Angst hat dir die Sicht genommen.

Ihr Menschen habt das Sterben in die Dunkelheit gelegt,
weil euch die Angst vor Krankheit so bewegt.
Doch dies ist vorbei, es wird sich wandeln,
wir sind zurück und werden handeln,
damit ihr euch erinnert, erhaltet Klarheit,
der Tod ist kein Ende – das ist die Wahrheit!

Mit dem Tod kehrst du wieder ein,
zum Licht tragen dich Engel hinein.
Und auch ich an deiner Seite bin,
glaube mir, es ist nicht schlimm!
Sobald ihr betretet den lichtvollen Raum,
vertraute Seelen werden nach euch schau'n.
Hier wirst du auch immer wieder entscheiden,
ob du gehst in ein neues Leben – oder willst bleiben.

Ich, dein Drache, ich sage dir,
hab keine Angst, vertraue mir!
Alles, was du brauchst, das bringst du mit,
wenn du ins Erdenleben gehst oder kommst zurück.
Denn du bist verbunden, du bist beschützt,
all die Erfahrung, sie dir immer nützt,
um zu wachsen, um zu reifen,
das Menschsein als Geschenk zu begreifen.
Es ist die Erfahrung, um die es geht,
dir nur dein Verstand im Wege steht.
Erinnere dich, es wird erwachen,
dafür sorge ich – auch andere Drachen!

Drum hab keine Angst, genieße dein Leben,
in dem Wissen, es wird kein Ende geben!
Der Tod, er ist das Ende nicht,
denn dort, wo du hingehst, erwartet dich Licht!

DRACHENVERTRAUEN

Plagen dich oftmals Kummer und Sorgen,
kannst nicht leben heute, sondern denkst an Morgen.
So möchten sie erinnern dich,
dass etwas besteht ewiglich.

Es ist das Vertrauen ins Leben,
was sie dir wollen geben.
Es ist das Vertrauen, dass du eingebunden,
dieses Band war niemals verschwunden.
Es ist das Vertrauen, dass du bist geliebt,
diese Quelle – sie niemals versiegt.

Es ist das Vertrauen, wenn du nun vernimmst,
dass du deinen Weg immer selbst bestimmst.
Es ist das Vertrauen, dass es ist dein Privileg,
Verantwortung zu übernehmen – für deinen Weg.
Es ist das Vertrauen, dass sie passen auf,
denn deine Seele geht nicht ungefragt in den Himmel hinauf.
Es ist das Vertrauen, dass sie dich leiten,
zur Erfüllung deines Auftrags – sie dich begleiten.

Es ist das Vertrauen in deine Kraft,
und wenn du nun vernimmst diese Botschaft,
so lass los die Angst vor dem Morgen,
und vertraue deinem Drachen an die Sorgen.
Er wird sie tragen, er wird dich führen,
sodass du wieder kannst deine Seele berühren.
Drum lebe dein Leben in vollem Glück,
damit gibst du auch deinem Drachen zurück,
die Freude und die Heiterkeit,
denn das Leben soll fröhlich sein, zu jeder Zeit!

DRACHENWAHRHEIT

Ihr lebt in einem privilegierten Land,
doch anderswo wurde vieles verbannt.
Die Ungleichheit, sie hat nun ein Ende,
denn eingeleitet wurde die Zeitenwende!
Es kann nicht sein, dass hungert ein Kind,
und woanders wirft man Geld in den Wind.
Ihr missachtet die Gesetze der Natur,
Egoismus, Macht und Geld sind wichtig nur.
Doch all dies wird im Feuer brennen,
ihr werdet darin die Wahrheit erkennen!

Ihr glaubt, wenn ihr besiegt eine Krankheit,
erhaltet ihr zurück die Freiheit.
Doch diese Freiheit ist nur Schein,
denn sie kann nur *in dir selbst* sein!
All das, was ihr im Außen errichtet,
und auch so hoch für euch gewichtet,
all das, es wird zusammenbrechen,
das ist auch der Grund, warum wir zu euch sprechen!
Denn ihr lebt in einer Illusion,
es kommt die Zeit, sie ist angebrochen schon,
wo Verdrängung hat keinen Platz,
denn Ablenkung ist kein Ersatz,
für das, was wirklich wichtig ist,
ehrlich zu erkennen, wer du bist!

Alles bedarf einer großen Veränd'rung,
deshalb treiben wir voran die Wandlung,
auf eurer Erde, zu dieser Zeit,
oh du Mensch – drum mache dich bereit!
Denn nie zuvor hat's dies so gegeben,
dass sich verstärkt wandeln wird euer Erdenleben.
Nie zuvor haben sich so viele versammelt um euch,
um zu verkünden das göttliche Himmelreich!
Denn alle helfen sie mit, um zu bringen voran,
die Zeitenwende – sie fängt auch bei dir an!

DRACHENWEG

Warum bin ich hier, was soll ich tun,
das sind die Fragen, die in mir ruh'n.
Hab ich einen Auftrag, was ist der Sinn,
warum ich denn nun auf der Erde bin?
Was macht es aus, ein erfülltes Leben,
kannst du mir darauf 'ne Antwort geben?

Glücklich sein, das ist das Ziel,
und dafür brauchst du nicht viel.
Die kleinen Dinge Sonne bringen,
dann kann dir einfach alles gelingen.
Doch dafür musst du ehrlich schauen,
was will ich und bin ich im Vertrauen?
Ist das, was ich habe, tatsächlich mein Glück,
oder wirft es mich immer wieder zurück,
wenn ich spür, dass mich manches nicht erfüllt,
und ich mich dadurch habe eingehüllt,
in eine Illusion, die nicht ist Wirklichkeit,
das zu erkennen – bist du bereit?

Wenn du *ja* sagst und ehrlich in dich schaust,
dich mir bedingungslos nun anvertraust,
dann kann ich dir zeigen deinen Weg,
und was dir dabei im Wege steht.
Lasse dich ein und du wirst sehen,
dass du den Drachenweg kannst verstehen!

DRACHENWIESE

Schau, wie sie fröhlich spielen und singen,
im Windschlag ihre Flügel schwingen!
Wie sie frei sind und ohne Sorgen,
sie wissen, sie sind allzeit geborgen,
im Schutz des Lichtes und der Liebe,
drum lass dich auf sie ein und fliege
mit ihnen durch den Zeitenraum,
sodass du wieder kannst drauf schau'n,
welch ein Geschenk das Leben ist,
und welch Wunder du selbst auch bist.

So bunt wie die Blumen blühen,
möchten sie Leichtigkeit versprühen.
Denn dein Leben hat so viele Farben,
drum schau nicht länger auf die Narben,
welche dich hierhergebracht,
und zum heutigen Mensch gemacht.

Jeder Tag ein Neubeginn,
jede Erfahrung hat 'nen Sinn.
Jedes Erlebnis macht dich aus,
und bringt nun eine Blüte heraus.
Denn bunt bist du, wie die Blumenwiese,
drum schnupper den Duft der zarten Brise
deines Seins, denn du bist genauso richtig,
ein Geschenk – drum für die Drachen so wichtig!

Nimm dich an, so wie du bist,
erinn're dich, dass du nie vergisst
das Spiel auf bunter Wiese dann,
wie Leichtigkeit dir helfen kann,
zu sehen die Wunder um dich herum,
und du mittendrin – im Zentrum!

DRACHENZORN

Spürst du meine Wut und meinen Zorn,
glaubst du wirklich, dafür wurdest du gebor'n?
Dass du dich beugst der Angst und Sorgen,
dich das *Heute* nicht kümmert, sondern das *Morgen*?

Du glaubst, es wäre alles im Lot,
wenn du besiegst Krankheit und Tod.
Indem du kämpfst dagegen an,
gewinnt die Angst an Stärke dann.
Doch wovor hast du solche Angst,
was ist es, worum du bangst?
Dich erwartet nicht die Dunkelheit,
es ist das Licht, wenn deine Seele ist bereit.

Der Tod gehört zum Leben dazu,
du atmest ihn ein, er ist kein Tabu.
Wenn du kommst auf diese Welt,
er sich als dann dazu gesellt.
Es ist ein Rad, das sich immerfort dreht,
erinnere dich – denn dein Herz es versteht.

Die Ohnmacht ist es, die dich lähmt,
die Angst vor Größe dich beschämt.
Zu glauben, dass wir sind allein,
doch die Getrenntheit ist nur Schein.
Das ist Energie, die die Welt durchzog,
das ist die Kraft, die euch belog.

Mein Feuer wird das Alte niederbrennen,
und ich werde *dich* beim Namen nennen!
Meine Glut wird deine Seele zünden,
auf das heilige Funken die Wahrheit verkünden!
Mein Zorn, er wird dir geben den Mut,
mein Feuer wird erhalten die Glut,
du erkennst, dass du bist eingebunden,
in Liebe – niemals war sie verschwunden!

Erhebe dich, du Menschenkind,
damit sich's Feuer verbreitet geschwind.
Erkenne die Wahrheit, erweiter die Sicht,
denn da, wo du hingehst, ist immer nur Licht!

VERBUNDENE WELTEN

DRACHENEINHORN

Das Einhorn steht für eine Kraft,
für die Magie, so zauberhaft!
Ihre Liebe und die Weisheit,
kommen zurück in deine Zeit.

Denn wahrlich ich nun sage dir,
ihr Licht, es ist dein Elixier!
Zu erkennen, mit was du bist verbunden,
denn niemals waren sie verschwunden.
Auch wenn sie wurden abgetan
als Fabelwesen Menschen sah'n.
Doch ruht in ihnen Energie,
die zu uns gehört – es ist Magie!

Und wenn es einmal dunkel wird,
du glaubst, du hast dich doch verirrt,
dann strahlt ihr Licht, ihr ganzes Sein,
im hellsten Glanz, im schönsten Schein.

Lass sie schauen in dein Herz,
lass sie verwandeln deinen Schmerz.
Denn ihr Licht, ihr Zauberglanz,
vermag zu heilen, macht dich ganz,
setzt zusammen, was getrennt,
denn jetzt ist die Zeit, ist der Moment,
wo du erkennst, wer du wirklich bist,
von nun an du nie mehr vergisst!

DRACHENELFEN

Durch Nebel sie erscheinen dir
und rufen leise: »Wir sind hier!«
Um dich herum sie tanzen und singen,
lassen feine Stimmen klingen.
Sie rufen dir zu, einzutauchen,
woll'n dir Leichtigkeit einhauchen,
was du vergisst in dieser Zeit,
weil Kummer sich gemacht hat breit.

Wann hast du zuletzt gelacht so laut,
dass dein Bauch Purzelbäume baut?
Wann hast du getanzt, gesungen,
ist's Herz vor Heiterkeit gesprungen?
Hast dich gefühlt wie ein Kind,
mit Schmetterlingen gespielt im Wind?
Das Elfenvolk und auch die Feen,
laden dich ein, sie zu seh'n.
Wenn du dich öffnest und glaubst an Magie,
werden sie sich zeigen – und wie!

Lass dich ein auf die Energie,
das kleine Volk übernimmt Regie
in deinem Leben, damit du nicht vergisst,
dass das Lachen auch wichtig ist!
All dies soll im Einklang sein,
sonst lebst du nur einen Schein,
denn zum Menschsein gehört das Lachen,
Spaß und Freude – das verstehen auch Drachen!

DRACHENENGEL

Wir Engel arbeiten mit den Drachen,
und treiben voran das große Erwachen!
Den Wandel und die neue Zeit,
deshalb stehen wir bereit,
um euch zu helfen, euch zu tragen,
allein du wählst, ob du willst wagen
den Schritt, die Entscheidung für das Licht,
wenn eine neue Ära anbricht,
in der die Liebe Einzug hält,
und der Götterfunken die Erde erhellt.

Oft wurde in Geschichten geschrieben,
dass Engel die Drachen ins Dunkel getrieben.
Doch wahrlich, wir verkünden euch,
auch *sie* gehören zum Himmelreich!
Sie sind starke Begleiter und waren zugegen
bei der Erschaffung der Erde beauftragt, zu geben,
die Erinnerung, dass auch ihr göttlich seid,
dein Mut erwacht, mach dich bereit!

Unser Auftrag ist's, die Verbindung zu halten,
wir können uns zeigen in vielen Gestalten!
Wir passen uns an der Situation,
auch unsere Namen gaben wir schon,
bevor ihr geboren in diese Welt,
dass ihr euch erinnert, wer euch hält.
Alles geschieht, sodass ihr erkennt,
welch Funken in eurem Herzen brennt!
Wir sind die Hüter eurer Seelen,
beschützen euch, ihr immer könnt wählen,
ob ihr annehmt oder verdrängt,
doch unser Dasein ist das göttliche Geschenk,
was euch das Licht hat mitgegeben,
in euer menschliches Erdenleben!

DRACHENHIMMEL

Schau in den Himmel, schau empor,
hoch zu den Wolken, wir treten hervor,
aus dem Schleier in die Wirklichkeit,
wir sind zurück, mach dich bereit!

Auch wenn du glaubst, du kannst uns nicht sehen,
so können wir in jede Gestalt doch gehen.
Denn wir sind nicht gebunden,
haben Raum und Zeit bereits überwunden,
können uns zeigen in jeglicher Form,
für uns gibt's keine Grenze und auch keine Norm.

Wir zeigen uns so, wie's passt in dein Leben,
denn wir sind gekommen, um euch zu geben
das Wissen, dass wir waren nie verschwunden,
da wir sind an euch Menschen gebunden.
Die Liebe ist es, die uns verbindet,
und nun den Weg in die Herzen findet.

Und wenn du glaubst, dass du bist allein,
schau in den Himmel, dort zeigen wir unser Sein!
Als Wolke, als Stern, als Sonne oder Mond,
unsere Energie einfach überall innewohnt.
Auch in den Tieren oder den Pflanzen,
wir kennen wahrlich keine Distanzen!
Wir sind da, wenn du öffnest die Sinne
und deine Seele vernimmt unsere Stimme.

Egal wo du bist oder lebst dein Leben,
wir sind um dich und werden dir geben
unseren Schutz, die Liebe und Wahrheit,
dass sie zurückkommt, die innere Klarheit,
denn wir waren niemals ganz verschwunden,
und nun du weißt, wir sind nicht gebunden
an die Gesetze, die auf eurer Erde gelten,
denn wir sind schon immer – und in allen Welten!

DRACHENHIRSCH

Prachtvoll und wunderschön,
majestätisch anzuseh'n!
Der König des Waldes, der Hüter des Lichts
tritt heute vor dein Angesicht!
Er ist der Begleiter in einer Zeit,
in der deine Seele sich macht bereit
zu gehen einen neuen Weg,
er mit dir über diese Schwelle geht.

Ein mächtiges Tier mit ganz viel Kraft,
er zeigt dir den Weg und erschafft
in dir das Vertrauen, es zu wagen,
und wenn du zögerst, wird er dir sagen:
»Ich bin bei dir, an deiner Seite,
schau nicht zurück, sondern schreite
voller Tatkraft mutig voran,
mit mir dir nichts passieren kann.
Denn ich bin die Stärke in dir,
um dich zu erinnern – deshalb bin ich hier!

Ich tauche auf in vielen Geschichten,
und wer mich gefühlt hat, kann manches berichten.
Denn ich habe den Zauber, die Magie,
in dich zu legen die Energie,
die dich erhebt und wird bestärken,
dein Herz fühlt – und dein Verstand wird's sich merken.

Ich, der König, habe gesprochen,
etwas in dich gelegt, deine Zweifel zerbrochen!
Und wenn dich doch überkommt die Angst,
Sorgen dich übermannen, du bangst,
dann erinnere dich an meine Kraft,
ich steh' hinter dir – bin deine Macht!«

DRACHENMOND

Wenn es dunkel wird in der Stille der Nacht,
kannst du sehen, wie das Leben erwacht.
Wie sie starten ihre Flüge zum Mond,
denn hier ihr zu Hause, ein Teil von ihnen wohnt.

Sie jagen und fliegen voller Wonne,
von der Erde, dem Mond bis zur Sonne.
Und wenn du des nachts zum Himmel schaust,
du kannst sie sehen, denn du brauchst
nur zu öffnen deine Fantasie,
dann kannst du sie fühlen, die Mondmagie!

Lasse dich ein in den Zauber der Nacht,
wenn am Himmel das Leben erwacht.
Beobachte sie beim freudigen Spiel,
zu bringen dir Fröhlichkeit, das ist ihr Ziel!

Keine Entfernung ist ihnen zu weit,
wenn sie erkennen, dass du bist bereit.
Denn sie warten nur auf dich,
wenn du dich erinnerst, sie freuen sich.

Bis dahin sie geduldig über uns wachen,
uns hüten und schützen – die Monddrachen!

DRACHENMONDIN

Wenn du nachts blickst empor,
kannst du mich sehen, treten hervor?
Aus den Wolken, der unendlichen Weite,
dann lege einmal all deine Sorgen beiseite!
Denn ich hülle dich ein mit meinem Licht,
und ehe der neue Tag anbricht,
bist du erfüllt von Energie,
ich trage den Zauber mütterlicher Magie,
drum lasse dich fallen in meine Kraft,
in diesem Moment ist alles geschafft.
Du kannst dich hingeben, dich laden auf,
alles ist getan, schau zu mir hinauf!

Lasse dich tragen, lasse dich ein,
denn ich schaue wahrhaftig in dein Herz hinein!
Ich kann sehen deine Sorgen,
deine Ängste vor dem Morgen,
vor dem, was alles vor dir liegt,
doch glaube mir, dass dich umgibt
ein großer Schutz, du bist nicht allein,
in deinem Leben, im Menschsein!
Denn immer bist du angebunden,
niemals war die Verbindung verschwunden.
Ihr Menschen selbst habt euch getrennt,
erinnert euch nun – in diesem Moment.

Ihr habt's euch oft so schwergemacht,
bei eurem Streben nicht bedacht,
dass das Außen euch nicht schenken kann,
was wahrhaft glücklich macht, und irgendwann
kommt jeder an den Punkt im Leben,
wo er sich fragt: Kann es noch mehr geben?
Ich, die Mondin, sage hier:
Was du auch brauchst – es ruht in *dir!*
Geh auf die Such', du wirst finden dein Glück,
nimm dich an, dann kommt Stück für Stück,
all das zurück, was in dir versteckt,
nur deine Angst – sie hat es bedeckt!

Drum habe Vertrauen zu stellen ins Licht
all deine Schatten und so durchbricht,
meine Energie auch deine Ketten,
denn du brauchst dich nicht verstecken!
Sage »ja« und schreite mutig voran,
und schau, was Heilung bewirken kann!

DRACHENMUSIK

Musik, sie bringt in Schwung,
deshalb schenke ihr Beachtung!
Wenn die Töne hell erklingen,
fängt deine Seele an zu schwingen.

Musik verbindet Raum und Zeit,
dringt durch die Unendlichkeit.
Sie hat die Kraft, sie hat die Macht,
dich zu erreichen – deine Seele erwacht.

Denn Musik hat Energie,
zu beleben deine Fantasie!
Sie lässt dich träumen, lässt dich schweifen,
sie zeigt dir, was du sollst begreifen.
Wenn du dich begibst ins Feld,
kann dich erreichen die Drachenwelt!

Lass einmal los deine Gedanken,
du überschreitest all die Schranken,
welche dich hindern, dich begrenzen,
du auch nicht überlegst die Konsequenzen,
sondern ganz bei dir nur bist,
um zu fühlen, was noch um dich ist.
Dabei kannst du dann erkennen,
wofür deine Seele will brennen.
Du bist geöffnet, du bist frei,
und die Musik, sie hilft dir dabei!

Lasse dich ein in den Moment,
denn Musik ist ein Element,
welches sie nutzen, sie setzen ein,
um zu erreichen dich im tiefsten Sein.

Musik – die Drachen lieben sie,
um dich zu erreichen mit ihrer Magie!

DRACHENNATUR

Frühling, Sommer, Herbst und Winter,
was glaubst du, was steckt dahinter?
Ein Rad, das sich immerfort dreht,
seit Anbeginn der Zeit besteht.
Es ist der Kern, es ist die Kraft,
die allzeit das Leben neu schafft.

Erinner dich an diesen Lauf,
besinne dich, er möchte zeigen auf,
dass auch du ein Teil des Ganzen bist,
deine Seele es doch oft vermisst.
Weil du dich treiben lässt von dem Außen,
doch nun schau einmal nach draußen,
was es macht mit der Natur,
wenn du dich widersetzt durch die Struktur,
die du dir hast einst angelegt,
und denke, wenn dies so fortbesteht,
du nicht im Einklang bist mit der Natur,
auf Dauer du nicht hältst die Spur.

Denn auch *du* bist Teil des Ganzen,
der Tiere, des Waldes, all der Pflanzen.
Du bist ein Lebewesen wie sie,
doch würden sie zerstören nie
ihre Grundlage, den Lebensraum,
sie wissen, jedes Leben, jeder Baum
sich fügt in das große, ewige Rad,
drum wird es Zeit zu ändern den Pfad.

Ehre die Erde, ehre das Leben,
das ist, wonach die Drachen streben!
Deshalb sind sie gekommen, sind erwacht,
um zu bitten, ihr endlich gebt Acht
auf das, was euch trägt und nährt,
die Lieb' der Natur ist euch immer gewährt!

DRACHENSIRIUS

Wann habt ihr geblickt zu den Sternen,
euer Augenmerk gerichtet in endlose Fernen,
habt euch beschäftigt mit Sonne und Mond,
ist euch bewusst, welche Kraft darin wohnt?
Ihr Menschen fahrt über den Ozean,
Navigationsgeräte zeigen euch an,
was ihr habt vergessen in eurer Zeit,
eure Technologie, sie ist soweit,
zu übernehmen euer Denken und Tun,
doch wahrlich, wir sagen euch, wir werden nicht ruh'n
zu erinnern an die Wunder, die Magie,
des Universums und der Galaxie.

Wir Sirianer, wir sind um euch,
beobachten lange das Erdenreich.
Wir haben keine physische Form,
Raum und Zeit sind für uns keine Norm.
Wir sind reine, lichte Energie,
und fern waren wir euch Menschen nie!
Vorausgegangen sind wir durch Transformation,
unsere Dimension ist eine andere schon.
Deshalb wissen wir um eurer Bestreben,
den Aufstieg der Erde in ein neues Leben.
Auch hören wir euer Jammern und Klagen,
doch allein ihr selbst werdet finden und wagen,
auch wenn es euch scheint in unendlicher Ferne,
drum fangt wieder an zu schauen die Sterne!

Beginnt endlich selbst, die Wahrheit zu finden,
und hört auf, euer Wissen an andere zu binden!
Tagein, tagaus schaut ihr im Fernsehen an,
was andere euch sagen, sie pflanzen ein dann,
ihre Wahrheit und ihr Begier,
deshalb beginnt endlich zu erwachen hier!
Erkennt – oder habt ihr es vergessen?
Eure Wolken sind von giftigen Schleiern zerfressen!
Ihr seid nicht Herrscher über Klima und Natur,
sie unterwirft sich den göttlichen Gesetzen nur!
Deshalb rufen wir euch heute in dieser Form auf,
nehmt *euch* wieder wahr und den Sternenverlauf!

DRACHENSONNE

Strahlend schön am Himmelszelt
beleuchtet sie die ganze Welt.
Feurig ist sie, voller Kraft,
ihre Energie das Leben erschafft.

Behütet, bewacht aus alter Zeit,
verbunden durch die Ewigkeit
mit den Drachen, denn sie einst waren,
zugegen als vor tausenden Jahren,
alles seinen Ursprung fand,
unzertrennlich ist drum dieses Band.

Die Glut im Herzen sie vereint,
die Drachensonne nun wieder erscheint!
Das Licht soll strahlen über den Erdenrund,
das ist die Botschaft, die Drachen tun kund.
Lass sie leuchten in dein Herz,
lass sie vertreiben, all den Schmerz,
damit auch du strahlst in hellem Glanz,
und deine Seele beginnt den Tanz
der Freude und der Leichtigkeit,
öffne dein Herz – die Drachen sind bereit!

Die Drachensonne bringt zurück
die Wunder und das große Glück.
Strahlend schön und voller Wonne,
leuchtet aus dir die Drachensonne!

DRACHENSTERN

Ausgesandt von den Sternen
hast überwunden große Fernen,
bist gekommen durch die Galaxien,
um zu bringen die Energien
zu den Menschen, auf diesen Planeten,
dafür hast du die Erde betreten.

Als heller Stern bist du nun hier,
um zu verbreiten gemeinsam mit mir,
die Botschaft des Lichts, der alten Zeit,
vorbei ist die Ära der Dunkelheit.

Nun kehrt zurück das alte Wissen,
alle Seelen dies vermissen,
zu leben nach den Gesetzen der Natur,
in Einklang, in Liebe – dafür dein Schwur,
mitzuhelfen und zu begleiten die Erde,
damit all das zurückkehren werde!

In dir ruht eine magische Kraft,
erinnere dich – du hast die Macht,
wenn du entfaltest dein Licht, dein Potenzial,
habe den Mut, denn du hast die Wahl,
dich zu entscheiden, ob du weiter verdrängst,
oder dein Leben in eine andere Richtung lenkst.

Deine Seele zeigt dir an,
wie wahrhaftiges Glück zu dir kommen kann!
Indem dein Stern zu funkeln anfängt,
wird dein Leben bereichert und beschenkt.
Wahres Glück zieht an noch mehr,
ihr alle seid ein Sternenmeer!

Und wenn dich wieder die Angst befällt,
dann schau hoch zum Sternenzelt!
Dort ruht verborgen eine unendliche Macht,
mit der auch du verbunden, sie wird entfacht,
indem dein Stern zu leuchten beginnt,
und all die Schatten weichen geschwind!

DRACHENSTERNGESCHWISTER

Wenn Menschen erfüllen den Reifegrad,
euer Verstand sich dies nicht zu denken vermag,
eurer Bewusstsein sich hebt und ihr beginnt,
zu wachsen im Geiste, seid nicht mehr Kind,
dann öffnen sich die Tore zu einer Welt,
welche um euch ist, die aber noch behält
ihr Wissen um euer Tun, euer Streben,
denn auch sie haben durchlaufen im Leben
diese Prozesse und fühlen nun mit,
doch glaubt mir, sie halten mit euch Schritt,
sind an eurer Seite und warten darauf,
euch zu helfen, drum schau hinauf!

Dort am großen Firmament,
welches ihr das Universum nennt,
wo sie leben in ewiger Fülle,
geschützt und getragen durch die Hülle
der Liebe des Schöpfers, der Schöpferin,
und nun ist gekommen der Beginn,
denn so viele Menschen sind schon bereit,
zu erinnern sich an die Verbundenheit!
Nicht nur wir Drachen sind um euch,
da ist noch viel mehr aus dem Himmelreich!
Was ihr bisher habt, nicht konntet ermessen,
doch eure Seelen haben es nicht vergessen.

Viele von euch kommen dort her,
aus dem unendlichen Sternenmeer!
Sind gereist auf diesen, euren Planeten,
da das Licht sie hat darum gebeten,
zu helfen, damit die Menschen erwachen,
denn die Erinnerung, sie wird entfachen
das Bewusstsein, dass es nur geschehen kann,
wenn sich wandelt Angst in Liebe sodann!
Es kann nur von innen nach außen geschehen,
drum werden wir nicht handeln, bis ihr beginnt zu verstehen,
dass ihr selbst habt es in euren Händen,
geht ins Vertrauen und lasst euch nicht blenden!

DRACHENTRAUM

Wenn du abends schließt die Lider,
deine Seele auf Reisen geht wieder,
dann kann geschehen die Zauberei,
lasse dich ein und sei dabei,
wenn sie kommen, um dich zu tragen,
mach dich bereit – wirst du es wagen?

Steige auf, flieg mit zu den Sternen,
zur Venus, zum Mond, in alle Fernen,
nichts ist zu weit für diese Reise,
die du nun erfährst auf besondere Weise.
Halte dich fest, denn ich trage dich,
wohin du auch willst, ist's nicht gefährlich.
Denn ich hüte dich wie meinen Schatz,
dies, das ist mein wahrer Platz,
den ich einnehm in deinem Leben,
dafür werd' ich dir mein Herzblut geben.

Zusammen reisen wir durch die Zeiten,
besuchen Freunde und lassen uns leiten
von der Schwerelosigkeit,
dieser Flug hält für uns bereit.

Und wenn dann der Tag erwacht,
wir heimkehren von der Reise der Nacht,
nimmst du mit diese Energie,
beginnst den Tag gleich mit Magie!

DRACHENUNIVERSUM

Sei bereit und steige auf,
sodass es nimmt seinen Lauf!
Ich trage dich hoch zu den Sternen,
denn es ist Zeit, kennenzulernen
das Universum mit den Galaxien,
tauche ein in diese Energien!

Halt dich fest, vertraue mir,
und schau dich um, direkt neben dir,
fliegen sie auch in großer Schar,
die anderen Drachen – wunderbar!

Hier sind wir zu Hause, das ist unsere Welt,
die Gemeinschaft, die uns zusammenhält.
Wir umfliegen die Sterne, erhellen die Nacht,
mit unserem Feuer, das nun erwacht.
Lass dich beflügeln von dieser Kraft,
und anstecken mit ihrer Leidenschaft!

Die Freiheit ist das höchste Gut,
dafür brennt in uns die Feuerglut!
Denn bist du frei, steht alles offen,
vorbei ist die Zeit, es nur zu hoffen.
Alles ist möglich, begrenze dich nicht,
darum flieg ich mit dir ins Sternenlicht!
Vergiss niemals, wie war diese Reise,
dann lebst du dein Leben auf neue Weise!

DRACHENVOGEL

Ein Vogel singt ganz wunderbar,
voller Inbrunst und ganz klar,
egal, was ist um ihn herum,
er sich einfach nicht kümmert darum.
Denn er ist ganz nah bei sich,
erfreut sich selbst – und so auch mich!

Ein Vogel – er singt laut sein Lied,
für ihn gibt's keinen Unterschied.
Ob's regnet oder die Sonne scheint,
er immer Fröhlichkeit vereint.
Ihn kümmert nicht das Morgen,
er macht sich keine Sorgen.
Denn er genießt jetzt den Moment
mit Singen – ganz sein Element!

Und so nimmt er Verbindung auf,
gliedert sich ein in ewigem Lauf.
Zeigt uns damit, um was es geht,
und dass uns nichts im Wege steht,
wenn wir ablegen die Bedenken,
um dem *Jetzt* Aufmerksamkeit zu schenken.

Schau, es kann so einfach sein,
ein Vogel – er zeigt's dir so fein!
Wie leicht und fröhlich's Leben ist,
wenn du mal du selbst doch bist.
Auch wenn er ist noch so klein,
kommt er nun in dein Leben rein!

TRANSFORMATION UND WANDEL

DRACHENENTSCHEIDUNG

Ich, der Drache der Transformation,
zeige dir heute deine Option,
dich nun wirklich zu entscheiden,
für das, was gehen soll oder bleiben,
für die Angst oder das Licht,
welches hat jetzt mehr Gewicht?
Willst du der Dunkelheit Raum geben,
oder wahrhaftig reine Liebe leben?

Schau dir an die Schatten in dir,
es gibt nur diesen Weg, glaube mir,
zu heilen all das, was hindert dich,
zu kommen in dein wahres Licht.
Denn nur, wenn du gehst wahrhaftig hinein,
kann es sich wandeln und befrei'n,
das, was dich hindert, zu leben dein Glück,
nur durch das Hinschauen erlangst du zurück.

Lang hast du gelebt in Dunkelheit,
nun ist es wirklich an der Zeit,
wo Spreu und Weizen sich werden trennen,
in meinem Feuer wirst du erkennen
den Funken, den ich in dich gelegt,
in einer Zeit, die niemals vergeht.
Das Wissen ruht in deiner Seele,
deshalb geh tief in dich und wähle,
entscheide dich oder bleibe dabei,
die Zeit der Verdrängung – sie ist vorbei!

DRACHENERKENNEN

Die Angst davor, hinzuschauen,
ist oftmals größer als dein Vertrauen.
Doch wenn du gehst deinen Weg,
ich dir Liebe ins Herz leg,
wirst du finden den Mut,
die Kraft, die lange in dir ruht,
die du mitgebracht in dieses Leben,
auch das Vertrauen werde ich dir geben,
welches du hast tief in dir,
es ist nur versteckt – glaube mir.

Wenn du beginnst, es dir bewusst zu machen,
wird mein Licht in dir entfachen,
den Funken – er wird glühen und brennen,
und du wirst im Feuer die Wahrheit erkennen!
Es wird leichter, wenn du beginnst,
es nicht allzu schwer doch nimmst.
Nimm an die Angst, die kriecht empor,
sie dir was zeigen will, wenn sie kommt hervor,
weil etwas ruht tief in dir drin,
und wenn du's erkennst, führt es dich hin,
zu dem, was nun erwachen will,
deine Seele dich ruft – sie ist nicht mehr still.

Manchmal geschehen Dinge im Leben,
um dir etwas zurückzugeben.
Auch wenn du oftmals nicht willst sehen,
irgendwann wirst du verstehen.
Und wenn du erkennst, was es ist,
fühlst du auch, was du vermisst.
Denn nach dem Erkennen folgt die Wandlung,
so kann es heilen und führt dich zur Handlung.
Dann wird es leicht, die Angst liegt hinter dir,
weil du sie geschrieben hast auf Papier.
Du hast begonnen, in Bewusstheit gebracht,
und nun dein Herz vor Freude lacht,
wenn sich öffnen die Pforten zu deinem Glück,
Freude und Leichtigkeit – sie sind zurück!

DRACHENHEILUNG

Manchmal geschehen Dinge,
die wir nicht verstehen, deshalb ich bringe
dir heute diese Zeilen,
sodass sie nicht länger bei dir verweilen.
Damit du verstehst, damit du erkennst,
und vielleicht auch einmal bedenkst,
dass immer alles hat einen Sinn,
es zu erkennen ist der große Gewinn.

Dein Körper ist der Ort deiner Seele,
deshalb ich dir heut' nun erzähle,
dass sie ihn nutzt, um dir zu zeigen,
was nicht länger möchte bleiben.
Denn hier ruht das Wissen, hier ruht verborgen,
auch all dein Kummer, deine Sorgen,
welche sind entstanden aus dem *Jetzt*,
aber auch, die du mitgebracht und dich haben verletzt.
Darum ist's wichtig, möchte ich dir sagen,
hör auf zu kämpfen, fang an zu fragen,
nutze die Weisheit der inneren Kraft,
denn hier ist der Schlüssel, der Wandlung schafft.

Der erste Schritt ist anzunehmen,
was sich dir zeigt in deinem Leben.
Und wenn du nicht mehr kämpfst sodann,
ist ein weit'rer Schritt getan.
Habe den Mut, schau in dich hinein,
geh in die Tiefe, lasse herein,
was sich dir nun zeigen will,
weshalb dein Herz steht nicht mehr still.

Du bist auf dem Weg nicht allein,
ich gehe mit dir, trage dich hinein!
Wenn du »Ja« sagst, dann kannst du sehen,
wie Wandlung und Heilung können geschehen.
Denn alles, was du heilst in dir,
heilst du zurück bis ins *Jetzt* und *Hier*.
Hab keine Angst, es kann nichts geschehen,
hier an dem Ort wirst du im Licht stehen!
Denn deine Seele wirkt nicht mit Angst,
es ist der Verstand, mit dem du bangst.
Habe den Mut, zu gehen den Weg,
ich dir das Vertrauen dazu ins Herz leg.
Doch dank auch dem Schmerz, er hat dich gebracht
genau hierher – zu diesem Menschen gemacht!

DRACHENKRISE

Was hat das Leben für 'nen Sinn,
wenn ich einmal traurig bin?
Wenn so gar nichts will entstehen,
auch die Schwere will nicht gehen.
Wenn's dich in die Tiefe zieht,
weil etwas mit dir geschieht,
die Leichtigkeit, sie ist verflogen,
vielleicht hat sie sich verbogen?
Weil du doch zu viel getan,
das gegen deinen Lebensplan?
Und nun die Zeit gekommen ist,
in der du hinschaust, wer du wirklich bist.

Ich, dein Drache, bin mit dir auf Reise,
und flüstere in dein Ohr ganz leise:
»Wenn ich dir etwas sagen kann,
dass egal, was du tust, oder auch wann,
ich an deiner Seite bin,
gemeinsam wird es gar nicht schlimm,
wenn du annimmst die Situation,
wird es sich bald wandeln schon.
Denn die Krise dich will wachsen lassen,
deshalb sollst du sie nicht verpassen.
Auch wenn ihr Menschen gern nur glücklich wärt,
die Tiefe euch wahres Wachstum beschert.

Auch deine Schatten werden sich zeigen,
doch ich sage dir: Sie werden nicht bleiben!
Denn alles, was du annimmst und erkennst,
sie sozusagen beim Namen nennst,
wird durchflutet von meinem Licht,
und ehe der neue Tag anbricht,
wird's heilen und ist transformiert,
denn dann ist gewandelt, ist passiert
die Heilung, es kommt zu dir zurück
der Anteil, der dir noch fehlt zum Glück!
Ich hüte die Schätze, die du mir einst gegeben,
und wenn du bereit bist, fliegen sie in dein Leben!«

DRACHENPHÖNIX

Manchmal zieht's dich tief hinein,
du fühlst dich kraftlos und auch klein,
liegst am Boden, ohne Mut,
verspürst nur Trauer, Schmerz und Wut.
Es ist wie ein Tunnel ohne Licht,
weil du selbst vernebelst die Sicht.
Doch glaube mir, du bist nicht allein,
die Dunkelheit, sie ist nur Schein.
Du wirst gehalten von der Kraft,
die in dir ruht, drum hör die Botschaft
meiner Worte und denk daran,
wer du bist – und dass es dich bringt voran.

Wie ein Phönix wirst du auferstehen,
den Weg kraftvoll dann weitergehen.
Gewandelt wurdest du, neu geboren,
auch wenn du glaubst, du warst verloren.
Doch manchmal es von Nöten ist,
zu erkennen, wer du wirklich bist,
dass, wenn du durch die Tiefe gehst,
erst im Nachhinein es oft verstehst.
Nur wenn du alles hast gesehen,
gefühlt, dann kannst du auch verstehen,
kannst schöpfen aus unendlicher Fülle,
aus wahrhaftiger Tiefe – nicht einer Hülle.

Mit neuem Gewand wirst du gehen,
alles aus anderem Winkel sehen.
Es ist ein Zyklus, verändert sich,
du wirst wachsen, reifen, ändern dich.
Erstrahle nun in neuem Glanz,
betrachte dich, auch aus Distanz,
was du erkannt, es dir gebracht,
was dich zum neuen Mensch gemacht.

Und wenn es wieder dunkel wird,
du glaubst, dass du dich hast verirrt,
erinnre dich an diese Zeilen,
und dass Momente nicht verweilen,
weil du die Kraft hast, auferstehst,
und den Weg niemals alleine gehst.
Der Phönix wacht an deiner Seite,
auch ich, dein Drache, dich begleite.
Und wenn du gehst dem Licht entgegen,
dich nicht beirren lässt auf Wegen,
wirst du erblühen auf der See,
und ich als Rose dich dann seh'!

DRACHENSCHATTEN

Oh, ihr Menschen könnt nicht entrinnen
vor euren Schatten, sie werden gewinnen,
beeinflussen, behindern euch im Leben,
denn niemals können sie das geben,
was euch wahrhaft glücklich macht,
deshalb fange an, gib acht,
was sie dir wirklich sagen wollen,
denn lange ruhten sie, verschollen.
Ihr Menschen schaut nicht gerne hin,
doch genau das ist der Sinn,
denn es ist nun an der Zeit,
in der das Licht sich macht bereit!

Künftig wird Liebe auf der Erd' regieren
ich frag dich: Was hast du zu verlieren?
All das, wovor du fliehst, verdrängst,
es nicht ehrlich beim Namen nennst,
all das, es wird dich abhalten,
dein Leben glücklich zu gestalten!
Drum stelle dich hin,
nun ist der Beginn,
die Schatten zu fassen,
es nicht dabei zu belassen,
dass das Außen es wird richten schon.
Nein! Es ist allein *deine* Option,
dich nun wirklich zu entscheiden:
Was soll gehen, was soll bleiben?

Fühl die Angst, nenn sie beim Namen,
denn dort, wo sie einst herkamen,
hatten sie auch großen Sinn,
doch nun sie bringen kein' Gewinn.
Danke ihnen, gib deinen Segen,
dann lass sie los – auf neuen Wegen!
Geh hindurch und wisse dabei,
dass du deinen Drachen kannst rufen herbei!
Und nicht nur ich begleite dich,
wirst du erkennen, wenn du klärst deine Sicht!
Wenn Heilung geschieht, gibst du Neues frei,
die Zeit der Verdrängung ist nun vorbei!

DRACHENSPIEGEL

Schau in den Spiegel, wen kannst du erkennen,
ist es dir möglich, dich beim Namen zu nennen?
Bist du ehrlich und wahrhaftig zu dir,
oder kehrst du gerne vor anderer Tür?

Betrachte dich bei hellem Schein,
schau nicht bei anderen, nur bei dir allein.
Das, was du suchst, kannst du nirgends finden,
denn dazu musst du dich mit dir selbst verbinden.

Der Spiegel zeigt dir dein wahres Sein,
mache dich groß und nicht länger klein!
Sei ehrlich zu dir und glaube daran,
dass das Wunder auch zu dir kommen kann!

Doch dafür bedarf es deines Muts,
wahrhaftig zu sein, auch zu zeigen die Wut.
Denn nicht immer ist's gerecht in der Welt,
doch vertraue – dein Glück ist schon bestellt.
Wenn du vertraust, dass es sich stellt ein,
dann fliegt es in dein Leben hinein!

Und wenn du gibst weiter dein eigenes Glück,
dann kommt es wieder zu dir zurück.
Das ist das Gesetz der Resonanz,
es erhellt auch dich im neuen Glanz.
Es erfreut dein Herz, wenn du kannst geben
Freundlichkeit und Güte – sie sind wahrer Segen,
den die Welt so oft vermisst,
doch du nun wahrlich nicht mehr vergisst.
Denn wenn du in den Spiegel schaust,
dir selbst im Innersten vertraust,
kann es geschehen und sich wandeln,
schaust nicht mehr woanders – wirst *selber* handeln!

Sieh in den Spiegel, er zeigt dir auf
dein wahres Glück – es wartet darauf,
von dir umarmt, gelebt zu werden,
deshalb sind wir zurück auf Erden.
Schau in den Spiegel, dann erkennst du dich,
wirst finden dich selbst – und auch mich!

DRACHENSTIMME

Verdrängst du, was dein Herz dir sagt,
wunderst dich, dass es immer fragt,
ob du bereit bist, hinzusehen,
und es wirklich zu verstehen?

Rennst du davon in deinem Leben,
suchst Ablenkung, willst dir alles geben,
was dir im Außen wird gezeigt,
doch dein Glück nicht stets bleibt?

Die Sehnsucht – sie ist nicht zu stillen,
denn es bedarf doch deines Willens,
ehrlich zu dir selbst zu sein,
dass abfallen kann der falsche Schein.

Doch dazu braucht es deinen Mut,
dich selbst zu fragen, was tut dir gut.
Auch wenn du dich stellst der größten Angst,
glaubst, dass du dir alles abverlangst,
ist dies doch der Weg zum Glück
bringt dich dir näher, Stück für Stück.

Du bist nicht allein auf der Reise,
wirst begleitet auf besondere Weise.
Denn du hast Hilfe und sie sind da,
sie warten darauf, sind dir ganz nah.
Den Weg mit dir gemeinsam zu gehen,
doch erst musst du lernen, zu dir selbst zu stehen.
Dich anzunehmen in allen Facetten,
dann können abfallen alle Ketten,
die du dir selbst hast zum Schutz angelegt,
es nun aber Zeit ist, dass dies vergeht.

Hör auf die Stimme deiner Drachen,
sie werden dich rufen, bei dir wachen,
bis du bereit bist, deinen Weg zu gehen,
denn sie wollen dich wahrhaft glücklich sehen.
Geh mit ihnen durch deinen Schmerz,
hab keine Angst, denn es heilt dein Herz!

DRACHENSTURM

Manchmal tobt und wütet es,
macht dir Angst oder auch Stress.
Es geht bergauf und dann bergab,
hält dich am Laufen, ganz auf Trab.
Ist unmessbar, nicht zu planen
Wie wird es enden? Nicht zu ahnen,
wenn du dich hingibst der Angst,
erinnere dich, wem du trauen kannst.

Es gibt eine Welt, die dich umgibt,
ein Bund, der Zeit und Raum verschiebt.
Wenn du fühlst tief in dich hinein,
kannst du sie wahrnehmen, zart und fein.
Wenn du mehr in die Stille gehst,
den Sturm im Außen als Zeichen verstehst,
dass er dir etwas zeigen will,
dann dein Herz steht nicht mehr still.

Lass dich nicht lähmen vom Sturm des Lebens,
er will dir was zeigen, das ist niemals vergebens!
Erst im Sturm wirst du wahrlich reifen,
damit du den Wandel kannst begreifen.

Alles, was kommt in dein Leben,
wird irgendwann einen Sinn ergeben.
Im größten Sturm werd' ich dich halten,
dass sich deine Kraft kann entfalten,
die in dir ruht, auch wenn du denkst,
es ist nicht zu schaffen, dann erkennst,
dass Stürme manchmal nötig sind,
damit Angst kann vergehen im Wind.

Drum stehe auf und halte stand,
wisse, du bist verknüpft durch das Band!
Niemals allein, immer getragen,
deshalb kannst du alles wagen.
Du bist stark, vergiss das nicht,
dich dran zu erinnern ist meine Pflicht.
Durch den Sturm ich mit dir fliege,
denn was dich hält, ist meine Liebe!

DRACHENSUCHE

Es ist die Suche, es ist das Streben
nach Erfüllung, einem glücklichen Leben.
Doch was ist der Kern, was ist der Grund,
warum es dich heimsucht in dieser Stund'?

Es wiederholt sich, du drehst dich im Kreise,
es ist eine wiederkehrende Reise.
Es ist wie ein Rad, das sich unaufhörlich dreht,
doch deine Seele – sie es versteht.
Hier ruht das Wissen, hier ruht die Kraft,
die all dein Suchen stets neu erschafft.
Denn dort ist verborgen die Wahrheit zu dir,
die Suche nach Liebe und damit nach mir.

Deine Seele kennt die Wahrheit,
nur hier hast du wirklich Klarheit.
Das, was du suchst, ist dein altes Wissen,
zu verschmelzen im Licht ist dein Vermissen.

Gelebt hast du einst die wahre Liebe,
du willst sie zurück, deshalb ich nun fliege
in dein Leben, um dir zu sagen,
dass es möglich ist, mich danach zu fragen.

Nimm auf die Verbindung, habe den Mut,
damit ich dir zeige, was in dir ruht!
Erinnere dich und stell dich der Angst,
mit mir gemeinsam du Heilung erlangst.
Vertraue mir, ich lass dich niemals allein,
gemeinsam werden wir das befrei'n,
was dich hindert zu finden dein Glück,
du hast es verdient, die Lieb' kommt zurück!

DRACHENTIEFE

Glaubst du wirklich fest daran,
dass sich etwas ändern kann,
wenn du verweilst in einer Situation,
weil du denkst, es wird sich ändern schon?
Die Hoffnung auf das bessere Leben
hält dich am Laufen, doch so bleibst du kleben
im Thema, in einer Illusion,
verdrängst die Wahrheit, bleibst bei deiner Version.
So drehst du dich sodann im Kreis,
bis du verstehst den Hinweis,
dass nur du es bist, der hinschauen kann,
und nur du es bist, der bestimmt das *Wie* und *Wann*.

Es ist die Tiefe, die es gilt zu schauen,
dabei darfst du ganz auf mich vertrauen.
Denn erst, wenn du anfängst zu handeln,
nur dann kann sich das Thema wandeln.
Doch solange du bist in diesem Kreis,
auf Änderung wartest, doch ich weiß,
nur wenn *du* durch die Tiefe gehst,
du oftmals dadurch dann verstehst,
dass erst durch Leid kann etwas heilen,
wir uns verändern, nicht länger verweilen
in dem Muster, was uns einst geprägt,
und nun die Erkenntnis den Wandel sät.

Hab keine Angst, es kann nichts geschehen,
denn du wirst den Weg nicht alleine gehen.
Sie sind da, sie sind bereit,
wenn du kommst in deine Zeit.
Dann gehen sie mit dir, um dich zu halten,
damit du ändern kannst dein Verhalten.

Es könnte doch so einfach sein,
das denken wir, doch es trügt der Schein.
Weil der Mensch so gerne hält fest
das Altbewährte in seinem Nest.
Deshalb tun wir uns das selber an,
und erkennen im Schmerz die Lehre sodann.
Weil uns Menschen oft die Hoffnung lenkt,
dass uns das Außen mit Glück beschenkt.
Doch das ist nicht der wahre Kern,
auch wenn wir es manchmal hätten gern.

Und so ist nun die Lehre,
dass sie uns etwas gibt – die Schwere.
Die Drachentiefe, sie gibt zurück,
das wirkliche und wahre Glück!

DRACHENTOSEN

Nimm wahr das Tosen und das Rauschen,
hörst du die Wellen, stehst hier zum Lauschen,
sie tragen die Kraft des Wassers in sich,
erheben und umspülen dich.

Es rauscht in den Ohren, es bläst der Wind,
trägt hinfort mit Donner geschwind
all das, was seinen Nutzen nicht tut,
und doch noch in dir verborgen ruht.

Manchmal ist's nötig, erkennst du nicht,
denn vieles im Außen verblendet die Sicht.
Doch hier, an den Wassern, zu spüren die Kraft,
dort du erkennst, was sich neu erschafft.

Das Tosen der Wellen, höre hinein,
was sie dir sagen, denn sie sprechen fein
die Worte zu dir, drum öffne dich,
hier an den Wassern – erkennst du mich?

Ich, dein Drache, spreche zu dir,
nutze die Wellen im Jetzt und Hier,
um dich zu erinnern, wer du wirklich bist,
damit du endlich die Entscheidung triffst,
weiterzugehen in deinem Leben,
damit deine Seele sich kann erheben,
zu erfüllen den Auftrag, warum du bist hier,
denn du hast die Macht dazu, glaube mir!

So wie das Tosen, so wie die Laute,
das Wasser, es sich vor dir hier aufbaute,
so rüttele ich dich und bring dich voran,
dass du nun endlich es packst an,
was dich wahrhaftig glücklich macht,
hier am Meer wird es entfacht!

DRACHENTRAUER

Es ist die Sehnsucht, es ist die Trauer,
die dich erbauen ließ eine Mauer.
Es ist der Schmerz, dass man nicht haben kann –
vielleicht nie, vielleicht doch irgendwann –
die Seele, die schwingt in Einklang mit dir,
mit der du verschmelzen kannst zum *Wir*.

Es sind die Momente, es sind die Tage,
die dich in die Tief' ziehen, doch steht außer Frage,
dass du nicht allein bist in dieser Zeit,
denn dein Drache steht für dich bereit,
um dich zu trösten, um dich zu tragen,
dir beizustehen, so kannst du es wagen,
zu fühlen auch das, was Raum sucht in dir,
damit es heilen kann, das ist's Elixier.

Nur wenn du annimmst und findest den Mut,
wird es sich wandeln, letztendlich ist's gut,
denn die Trauer bringt dich auch voran,
zu erkennen und zu verändern sodann.
Und nach dem Tal, nach dem Weinen,
kann alles wieder in neuem Licht erscheinen.

Die Traurigkeit gehört zu dir,
lasse sie zu und glaube mir,
dass sie dich weiterbringt auf deiner Reise
und du begleitet wirst auf besondere Weise.
Auch sie hat einen großen Sinn,
denn oftmals ist sie der Beginn,
zu erkennen, dass da etwas ist in dir,
was du sollst sehen im *Jetzt* und *Hier*.

Nimm an die Trauer als ein Geschenk
und wenn sie dich einholt, dann gedenk',
meiner Worte, die du hast vernommen,
dass sie dir was zeigen, dann wird es kommen,
wonach sich sehnt dein trauerndes Herz,
dann werden verblassen Trauer und Schmerz!

DRACHENWACHSTUM

Oft hat es dich schwergemacht,
weil dir nicht klar war, du nicht dran gedacht,
dass da etwas ruht, verborgen in dir,
was zurückkehren will nun hier.
Es hat dich erschöpft, dich klein gehalten,
dich daran gehindert, zu gestalten
dein Leben und was zu dir gehört,
weil da noch etwas ist, was stört,
was noch erkannt und geheilt will werden,
auch deshalb du kamst auf Erden.
Es ist dein Wachstum, um das es geht,
oftmals dabei die Angst im Weg steht.

Ich lade dich ein, wechsle die Perspektive,
all deine Schatten anzuschauen in Liebe!
Stell sie ins Licht, um sie zu durchlichten,
danach werden sie sich anders gewichten.
Sortieren sich neu und können gehen,
weil du bewusst beginnst, nun zu verstehen,
dass du frei wirst, wenn du ehrlich schaust,
auf deine Intuition hörst und mir vertraust,
denn die Wege gehst du niemals allein,
deine Einsamkeit, sie ist nur Schein.
Doch im Einssein mit dir kommt die Klarheit,
du immer bist verbunden – das ist die Wahrheit!

Alles, was du betrachtest in Liebe, mit Licht,
es wird verwandeln deine Sicht!
Loszulassen macht die Hände frei,
erst dann kann kommen herbei
das Neue, was nicht sichtbar war,
dann siehst du ganz deutlich und klar,
du bist gereinigt, offen für den Pfad,
der nun sich vor dir zu öffnen vermag!
Drum hab keine Angst vor diesem Prozess,
vor all dem, was dir gemacht Stress.
Vor der Schwere, vor der Ehrlichkeit,
denn nun stellt sich der Teil bereit,
den ich behütet und beschützt,
und dich nun auf deinem neuen Weg unterstützt!

DRACHENWANDEL

Alles ist ein ewiger Lauf,
niemals hört das Rad des Lebens auf.
Nicht vorstellbar, dass Zeit nicht existiert,
dies etwas ist, was wir Menschen kreiert,
damit wir begreifen und verstehen,
dass unser Verstand kann mitgehen.

So wie die Zeit sich immer dreht,
auch dein Wandel fortbesteht.
Denn du änderst dich in jeder Sekunde,
in jeder Minute, in jeder Stunde,
bist niemals gleich, schreitest immer voran,
denn deine Seele will wachsen daran.

Die Zeit bleibt keinen Moment lang stehen,
Glück und Schmerz deshalb immer vergehen.
Nichts können wir halten oder binden,
es zieht vorbei, du glaubst, es wird schwinden.
Doch mit der Erinnerung schreiben wir die Geschichte
unseres Lebens, erleuchtet im universellen Lichte.
Denn alles, was du hast erlebt,
dein Wirken, die Gefühle, die du gehegt,
hat dich zu dem gemacht, der du nun bist,
gespeichert im Universum, das niemals vergisst.

Drum danke der Veränderung,
sie bringt dir allzeit neuen Schwung.
Lass los, was du nicht halten kannst,
vertraue und hab keine Angst,
du bist nie allein, das kann ich dir sagen,
und wenn du zögerst, kannst du immer fragen
deinen Drachen, er wird dich allzeit halten,
denn der Wandel wird dein Leben gestalten!

DRACHENÄRA

Ihr glaubt, wenn ihr bekämpft die Krankheit,
erhaltet ihr zurück die Freiheit.
Euer altes Leben wünscht ihr euch zurück,
doch ich sage euch, Stück für Stück
kommt ans Licht, was so lang ward vor euch versteckt,
jetzt nach und nach wird aufgedeckt.
Die Zeit ist gekommen, macht euch bereit,
drum ist's von höchster Wichtigkeit,
dass ihr erkennt, was in euch ruht,
und wir, die Drachen, schüren die Glut,
das alte Wissen und wer ihr seid,
Manipulation und Lüge gehören zur Vergangenheit!

Jahrtausende hat eure Welt im Dunkeln gelegen,
ihr habt vergessen auf euren menschlichen Wegen,
woher ihr kommt und die Verbundenheit,
doch nun bricht an die neue Zeit,
in der so viele Menschen geboren,
die die Schleier des Vergessens haben verloren.
Sie kommen in unzähliger Schar,
eure alte Welt ist für sie unvorstellbar.
Sie bringen mit die Lichtenergie,
wissen um ihre Kraft, um ihre Magie,
nehmen bereits wahr, was uns fällt noch schwer,
denn die Dunkelheit der Zeit gibt's dann nicht mehr.

Doch bis es geschieht und diese Kinder übernehmen,
schaut in euch selbst und beginnt, anzunehmen!
Denn mit dem Kampf macht ihr nur stärker die Angst,
nährt eure Schatten, doch wenn du erlangst
deine innere Kraft, kommst in das Vertrauen,
fängst einmal an, ehrlich in dich zu schauen,
wovor hast du Angst, was ist der Grund,
dann kann es heilen, dann wird gesund
all das, was ruht verborgen in dir,
weil die Zeit bislang nicht war bereit dafür.
Es war nicht gewollt, deshalb ruht's versteckt
in dir, drum halte nicht länger bedeckt
dein altes Wissen kommt zurück ans Licht,
eine neue Ära der Liebe anbricht!

DRACHENAUFBRUCH

Sternenvölker stehen um eure Erde,
damit sich wandelt und kommen werde
all das zurück, was ihr habt verbannt,
da Angst sich in euer Herz hat eingebrannt.
Doch nun ist sie gekommen, es ist an der Zeit,
dass ihr erkennt – macht euch bereit!

Umstellt haben sie euren Planeten,
zu Abertausenden sind sie vertreten!
Vom Sirius, Orion, den fernsten Galaxien
sind sie gekommen, zu wandeln die Energien.
Auch von der Venus, der Sonne,
alle helfen dabei, dass nun komme,
das Licht zurück in eure Welt,
Angst und Dunkelheit jetzt zusammenfällt.

Auch steht bereit die galaktische Föderation,
alle haben sich versammelt in Position,
um zu bringen, was war lange verschwunden,
die Erinnerung, dass auch ihr seid angebunden,
an die Liebe und das Licht,
das neue Zeitalter nun anbricht!

Macht euch bereit, es wird nichts geschehen,
eure Erde wird niemals untergehen.
Denn die Liebe ist's, die euch trägt,
und sie ist es auch, die den Wandel sät.

Dies ist der Grund, warum wir erwachen,
um euch all das bewusst zu machen!
Wir haben den Auftrag vom höchsten Licht,
euch zu erinnern, dass sie nun anbricht,
die neue Zeit, auf die alle warten,
deshalb stehen sie bereit und werden starten,
sobald ihr erkennt und öffnet euer Herz,
werden weichen Angst und Schmerz.
Dies hat eure Erde regiert, doch es ist nun zu Ende,
wir gemeinsam leiten ein die Zeitenwende!

DRACHENAUSBLICK

Menschen werden wirken durch Herzenergie,
und leben in Frieden und Harmonie!
Wenn die Bewusstheit sich wandelt, dann wird es beginnen,
eure Begrenzungen werden einfach verschwimmen.
Ihr werdet wahrnehmen so viel mehr,
was euch im Moment oft fällt schwer.
Denn gefangen seid ihr noch in einer Welt,
in der nur das, was gesehen und nachweisbar, zählt.
Da euer Verstand nicht gemacht dafür,
doch bald wird sich öffnen diese Tür,
dann werdet ihr erkennen die Unendlichkeit,
von alldem, was um euch ist, macht euch bereit!

Ihr werdet reisen durch die Galaxien,
einzig mit neuen Energien!
Denn Raum und Zeit wird es nicht mehr geben,
das Lineare wird sich vollkommen aufheben.
In dieser neu kommenden Dimension,
leben eure Sternengeschwister dies schon!
Sie sind auch jetzt schon liebevoll da,
haben sich versammelt in großer Schar,
um zu helfen, um zu begleiten,
damit sich die Herzen für die Liebe weiten!

Doch bis dahin gibt es noch viel zu tun,
auch Mutter Erde – sie wird nicht ruh'n.
Sie wird wandeln ihr Gesicht,
bevor diese neue Ära anbricht.
Habt keine Sorge, es kann nichts geschehen,
eure Seelen bleiben ewig bestehen.
Freut euch auf die große Transformation,
unendliche Seelen sind gekommen schon,
deren Schleier sind bereits gehoben,
denn sie sind mit neuem Bewusstsein verwoben.
All das geschieht, da die Geburt ist vollzogen,
eure Erde wird auf eine neue Stufe gehoben!

DRACHENKIND

Die Kinder dieser neuen Zeit,
glaube mir, sie sind bereit,
zu ändern all das, was nötig ist,
denn Angst und Geld, dass ihr es nur wisst,
nicht mehr die Werte sind in dieser Welt,
und dies auch das ist, was zusammenfällt.

In sich sie spüren heiligen Zorn,
genau dafür wurden sie gebor'n!
Die alten Systeme hinwegzufegen,
um sie neu aufzubauen und zu beleben
mit den Werten, die sie mitgebracht
in die neue Welt – dafür sind die Kinder gedacht!

Drachenkinder wachsen nun heran,
sind bereit, zu übernehmen dann,
zu bringen Liebe und auch Mitgefühl,
Loyalität und Weisheit ist ihr Stil.
Das sind die Werte, die wachsen werden,
die Drachenkinder sind angekommen auf Erden!

DRACHENLEBEWESEN

Was tut ihr lichtvollen Wesen nur an,
ich frage euch: Was haben sie getan?
Sie haben die gleichen Gefühle wie ihr,
fühlen Trauer und Schmerz, glaube mir.
Sie haben Angst und all die vielen Emotionen,
all das tut auch in ihnen wohnen!
Es ist das Grauen, die alte Energie
und sie wird weichen der weißen Magie.

Alles, was ihr antut den Tieren,
wird sich im Glanze des Lichtes verlieren!
Auf grausamste Art, wie ein Ritual,
erleiden die Wesen oft schlimmste Qual.
Ihr nehmt sie zu euch als Nahrung,
glaubt ihr wirklich, das wird euch guttun?
Ihr denkt nicht nach, ihr seid geblendet,
so lange habt ihr Energie ans Dunkel verschwendet.
Auch Löwe und Lamm werden zusammen weiden,
denn die Zeit des Blutdürstens wird nicht mehr bleiben.

Alle Wesen, auch die Pflanzen,
spüren den Wandel im großen Ganzen!
Denn in der neuen und lichtvollen Zeit
werden sie geachtet, drum stehen sie bereit,
uns zu dienen in dieser Transformation,
dafür schenken sie uns ihr Leben schon!
Drum sei dankbar, achte ihren Wert,
sie wurden uns als Geschenke beschert,
um zu begleiten, um uns zu tragen,
damit wir den Schritt in das neue Zeitalter wagen.
Denke nun noch einmal nach,
wie auch du dich verhältst, was liegt noch brach.
Es ist der Weckruf, damit ihr beginnt zu erwachen,
dabei helfen auch wir – eure lichtvollen Drachen!

DRACHENNEBEL

Noch liegt im Nebel die neue Welt,
doch die Klarheit, sie ist bestellt!
Die Schleier, sie werden sich bald erheben,
drum sind wir zurück und wollen euch geben
die Botschaft einer neuen Zeit,
in der die Liebe sich macht bereit.
In der ihr lebt auch wieder den Verbund,
in jeder Sekunde, in jeder Stund'.

So lange hat eure Welt die Getrenntheit gelebt,
doch nun das Licht sich über euch erhebt!
Die Dimension eurer Erde, sie wird steigen,
Manipulation und Lüge werden nicht mehr bleiben.
Denn auf der neuen Erde haben sie keinen Platz,
in der ihr erkennt euren inneren Schatz.
In euch selbst ruht die Wahrheit, die Kraft,
das alte Wissen das menschliche Leben neu erschafft.

Schon bald werden sich die Nebel klären,
doch werden wir euch einen Einblick gewähren.
Denn all das geschieht, es bereitet vor
und all die Drachen singen im Chor:
»Oh, ihr Menschen, macht euch bereit,
für diese neue, lichtvolle Zeit!
Erhebt euer Herz, tragt den Funken hinaus,
der in euch entzündet – tragt ihn in jedes Haus!
In jedem Herzen wird nun erweckt,
was so lange ruhte und wurde versteckt.
Auch wenn der Weg oft nicht ist zu sehen,
vertraue und bleibe dabei nicht stehen.
Denn der Wandel, er ist lange vorbereitet,
und wird auch durch uns, die Drachen, begleitct!«

DRACHENVERKÜNDUNG

Die Erde, sie wird aufsteigen,
auch wenn einige werden zurückbleiben.
Dies ist nicht mehr aufzuhalten,
drum setzen sie alles daran, euch zu spalten.
Sie bäumen sich auf mit aller Macht,
halten fest, haben jedoch nicht bedacht,
dass nun eine neue Zeit anbricht,
in der leuchten wird euer Licht!
Werte wie Toleranz und Mitgefühl,
sind die Maßstäbe, sind das Ziel
dieser, eurer neuen Welt,
in der die Lieb' alles zusammenhält.

Die Erd' wird erreichen eine neue Dimension,
viele Menschen spüren dies schon.
Denn gekommen sind unzählige Seelen,
und glaube mir, auch *du* wolltest nicht fehlen,
um mitzuhelfen und zu begleiten,
wenn euer Planet wird ins neue Zeitalter schreiten.
Einst habt ihr geschworen dem höchsten Licht,
einzustehen für euren Glauben, auch wenn alles
zusammenbricht.
Denn ihr tragt das Wissen, ihr habt die Kraft,
zu halten die Flamme auch in dunkelster Nacht!

Die Geburt der neuen Erde – sie steht bevor,
alle Wesen sind versammelt, kommen hervor,
eilen herbei aus den fernsten Galaxien,
um zu helfen mit ihren lichtvollen Energien.
Sie scharen sich um euch und euren Planeten,
denn von der göttlichen Quelle wurden sie gebeten,
euch zu bestärken, denn die Erde ist wichtig,
weil sie so einzigartig und vielschichtig,
dabei unglaublich schön und verwandelbar,
deshalb sind sie gekommen in großer Schar!
Doch ihr Menschen selbst seid's, erkennt nun an,
dass aus eurer Kraft die Geburt kommen kann.
Drum nehmt an die Verantwortung für euer Leben,
Stärke und Mut werden wir Drachen euch geben!

DRACHENWENDE

Die Erde, sie wird vorbereitet,
auf den Wandel, er ist eingeleitet.
Die neue Zeit, sie ist schon in Sicht,
denn immer stärker kommt nun ans Licht
die Wahrheit, welche war lange verborgen,
doch nun sie erscheint wie ein junger Morgen
am Firmament, gleich 'nem Sonnenstrahl,
und stellt uns nun auch vor die Wahl,
dass wir entscheiden, was wollen wir,
und sind wir wahrhaft glücklich hier?

Die Lüge hat uns so oft betrogen,
uns in scheinbarer Sicherheit gewogen.
Doch in Wahrheit haben sie uns getrennt,
von unserer Heimat, doch nun brennt
der Funke der Liebe, welcher in dir ruht,
und ich, dein Drache – ich schüre die Glut!

Der Strahl, er durchleuchtet hell die Nacht,
und immer stärker nun erwacht
die Erinnerung, sie kommt zurück
nach und nach, Stück für Stück,
an eine Zeit, welche es einst hat gegeben,
kommt erneut in unser aller Leben.
Es ist die Zeit im Land Lemuria,
unsere Seelen wissen, was damals geschah',
und auch welch' Leben wir dort hatten,
es gab nur Licht und keine Schatten.
Alles war Liebe, der Kampf unbekannt,
diese Erinnerung schürt nun den Brand,
das Feuer erwacht, drum habe den Mut,
erkenne, wer du bist und was in dir ruht!

Aus dem Schoß der Frau geboren,
wurde die Zeit nun auserkoren,
dass sie zurückkommt, nach und nach,
auch wenn es einst zusammenbrach.
Doch so ist's wieder an der Zeit,
nach der Angst macht sich Liebe bereit,
um zu durchströmen die Herzen und Seelen,
drum vertraue mir und wähle
ohne Sorgen deinen neuen Weg
und ich, dein Drache, die Liebe in dein Herz leg'.
Mach dich bereit, es hat schon begonnen,
denn das Licht hat jetzt übernommen!

Nachwort

Am Ende dieses Buches weiß ich sicher, dass es nicht das Ende sein wird, sondern der Beginn eines neuen Abschnittes. Allein den Gedanken, dass ich einmal ein Buch veröffentliche, hätte ich mir nie zu träumen gewagt, geschweige denn hatte ich dies in meinem menschlichen Plan vorgesehen. Ich konnte es mir schlicht nicht vorstellen. Doch *genau darum* geht es: Sich einzulassen. Denn wenn ich eines auf meiner bisherigen Reise gelernt habe, dann ist es vor allem, Vertrauen zu haben. Vertrauen in die unergründliche Fülle des Reichtums der Lichtwesen, des Universums, des Göttlichen!

Es gibt so viel mehr um uns und sie warten darauf, wahrgenommen zu werden. Und es fällt ihnen immer etwas ein, um uns zu überraschen. Lassen wir uns ein, auch im Vertrauen darauf, dass alles zu unserem Wohl geschieht. Dass jede Phase im Leben auch nur eine Phase ist, wenn wir sie erkennen, annehmen und Heilung geschehen darf. Dann geschehen sie: die Wunder. Unser Leben wird schöner und noch schöner werden, denn unser aller Auftrag ist es, *glücklich* zu sein. Das ist das Bestreben einer jeden Seele, der Drachen und aller Lichtwesen.

Finde das Glück *in dir* und du wirst es im Außen anziehen. Sie helfen dir – die Drachen. Nimm die Verbindung auf! Denn sie warten, dass du »ja« sagst, zu dir selbst und zu ihnen. Dann geh deinen Weg, Schritt für Schritt in diesem Wissen.

Sie sind mit dir. Du bist niemals allein und immer geliebt.

Danksagung

Ich danke meiner Familie, meinen Eltern und Geschwistern, meiner Patentante. Auch wenn sie nicht immer verstanden haben, was ich da tue und welche Veränderung mit mir geschieht – sie haben mich unterstützt. *Aus Liebe.* Dafür bin ich unendlich dankbar. Vor allem möchte ich meinem Papa, Herbert Haendly, für die wundervollen Bilder danke sagen, welche so oft die Botschaften untermalen, wie auch in diesem Buch.

Von Herzen danke an meine Freundinnen, denen ich auf der Malta-Reise wiederbegegnen durfte. Unsere tiefe, alte Seelenverbindung berührt mich sehr. Ohne euch wäre ich nicht an diesem Punkt in meinem Leben. Ihr habt an mich geglaubt, wenn ich gezweifelt habe.

Ich danke auch meinen Freundinnen, die mich schon seit vielen Jahren begleiten und auch in dieser neuen Phase meines Lebens mit mir gehen und hinter mir stehen.

Ich bin so glücklich, euch alle an meiner Seite zu wissen!

Mein besonderer Dank gilt meinem Schutzengel, allen Lichtwesen und vor allem meiner Drachenfamilie. Lange Zeit war mir nicht bewusst, dass es euch Drachen gibt. Seitdem ihr in meine Bewusstheit zurückgekehrt seid, hat sich mein Leben unglaublich verändert, denn ihr habt mich daran erinnert, welches Geschenk das Leben ist und welche Wunder auf meinem Weg bereitliegen.

Mein Herz ist erfüllt mit Demut, mit so viel Liebe und unendlicher Dankbarkeit.

Voller Dankbarkeit steh ich nun hier,

während ich bringe die Zeilen zu Papier.

So viel habt ihr mir gegeben,

es wurde gewandelt mein gesamtes Leben.

Die Erinnerung an euch, sie ist zurück,

ihr helft zu finden mein wahres Glück!

Das Feuer in mir, es ist entfacht,

da der Drache in mir ist erwacht!

Über die Autorin

Michaela Haendly ist im September 1980 im thüringischen Eichsfeld geboren, aufgewachsen und lebt heute im Raum Frankfurt am Main. Schon immer war sie eng verbunden mit Engeln und spürte, dass da noch etwas auf sie wartet. Doch lange Zeit hat die geistige Welt sie ihr sogenanntes weltliches Leben leben lassen, bis sie 2019 eine spirituelle Reise unternahm und dort in Verbindung mit Menschen kam, die sie an ihren Auftrag erinnert haben. Diese Reise war eine Reise zur Quelle ihrer Kraft, sie hat ihre Kanäle geöffnet und war die Geburt in ihr neues Leben. Nach und nach erhöhte sich ihre Wahrnehmung, sie kam immer tiefer in Verbindung zu sich selbst und so auch mit den Wesen aus der Anderswelt, den Drachen. Sie begann, ihre Botschaften in Versform niederzuschreiben und ging damit an die Öffentlichkeit.

Weitere Informationen zur Autorin auf:
www.drachenerwachen.com

Bei Instagram ist sie unter **@drachen_erwachen** zu finden.